ヴィラデストの厨房から

TAMASAN RECIPE

玉村豊男

世界文化社

二七歳のとき最初の結婚を機に台所に入ってから
三〇余年、暮らしのパートナーがいるときもいないときも、
私は毎日の料理を作ってきた。
昼食なら午前十一時半、夕食なら午後六時半になると、
やりかけの仕事を放り出して台所に駆けつけ、
三〇分で数品のお総菜を用意して家人を待つ。
それが長年の習慣となっているのだが、
最近はなぜか妻もときどき自分で料理を試みるようになり、
私にいつも食べている料理のレシピを教えろといいはじめた。
なんでも、私に先に死なれると、
麻婆豆腐やタイカレーが食べられなくなるからだとか。

けっ。なんで私のほうが先に死ぬと決めつけているのか、
いささか不穏なものがないでもないが、
教えてほしいなら教えてあげよう。
というわけで、この本を書きました。
お料理の先生が書くレシピ本のようにしたかったので、
料理をするときにいちいち分量を量ってみましたが、
慣れない作業なので、
記した数字は単なる目安と考えてもらったほうがいいでしょう。
同じレシピで作っても、料理は作る人それぞれで違うもの。
私の本の中から、
あなたの得意料理を見つけ出していただければ幸福です。

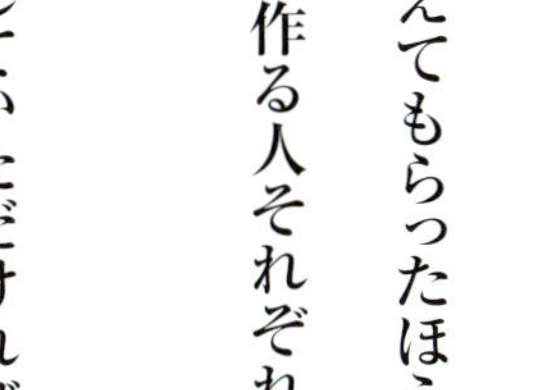

ヴィラデストの厨房から――目次

レシピの注意
「油」「酒」と表記されているものは基本的に「サラダ油」と「日本酒」を指していますが、お好みのものを使ってけっこうです。

1

ヴィラデストの農園から

ベーコンとほうれん草のサラダ
かぶの塩もみ梅干あえ、塩昆布のせ
かぶと青豆のグレープフルーツあえ
ごぼうとうどのサラダ、
　白ワインソースといちご、乾燥いちじく添え
黒ごま、じゃこ、焼き大豆入り青菜と
　生カリフラワーのサラダ、春菊ソース
爽やかなレモンドレッシング
甘みのある黒酢ドレッシング
マイルドなクリーム系ドレッシング
カリッとした歯触りのドレッシング
赤酢で色鮮やかなドレッシング
夏野菜のグリル＆ロースト盛り合わせ
ぶどう摘みのポテト
月桂樹ロースト
マッシュポテト
ほうれん草のごま油ゆで
長ねぎのサラダ
キャベツ煮
レタスの瞬間ゆで
ゆでなす炒め
ボルロッティ豆の地中海風ハーブ煮込み
白いんげん豆のローズマリー風味のブルスケッタ
豆のコロッケ
からす麦の入った挽き肉のロールキャベツ、
　そば粉のポレンタ、ホワイトソース
ミューズリー
オートミール
丸麦と発芽玄米の黒ごま粥
はと麦とそばの豆芽粥
五穀めし膳
雑穀入り乾燥そら豆と青菜のサラダ
高きびと丸麦と発芽玄米のリゾット
基本のショートパスタ
カリフラワー混ぜダイエットパスタ
スペルト小麦入りニョッキ、高きびとそば粉の
　オレキエッティ、卵とブロッコリーのソース
うちのラーメン
汁少なねぎ叉焼麺
ミコドイ甘ソース麺
はと麦のココナッツミルク煮
ゆでシイタケと生エノキのポン酢かけ
焼きシイタケのオイルがけ
エリンギのフライ
クリタケのグレック
基本のきのこペースト
きのこのシチュー
鶏肉のきのこソース
きのこのニョッキ
きのこのリゾット
きのこのグラタン
きのこのポタージュ

ぶどうの苗を
植え始めて早十二年。
おいしいワインになることを
想像しているのか
農作業も楽しげです。

前菜サラダはお洒落に

SALADE

素材の食感を そのまま楽しむ

春から夏にかけては野菜が無性に食べたくなる。それも生で、だ。きっと、カラダが要求しているのだろう。

サラダ、という言葉の語源は、「塩味をつけられた」という意味だそうだ。そう考えれば簡単な話で、何も特別なドレッシングを用意したり、酢と油の比率がどうの、などと面倒な約束事に気をつかう必要はない。「塩味をつけられた」ものがサラダなら、たとえばかぶの塩もみだって立派なサラダではないか。少なくとも、すべての酢のものは、油を一滴たらしさえすれば、誰も文句のいえないサラダになる。

酢と油、というい方も、大雑把なジャンル分け、と理解したほうがいい。酢は「酢っぱいもの」のこと、だとすれば、いわゆるお酢（醸造酢）でなくても果物のジュースや果肉そのものが酢の役割を果たすのは当然だし、梅干しは酢と塩が合体した調味料であることもわかる。

油も、植物油だけではない。ベーコンを大ぶりのさいの目に切り、フライパンで表面がカリカリになるまで焼く。その間に柔らかいほうれん草の葉を洗ってからよく水気をきってボウルに盛り、その上から、あつあつのベーコンを溶けた脂といっしょにジャッとかける。健康を気にするならベーコンの脂を半分にしてあとはダイエット用の植物油に替えてもよいが、ここではベーコンが植物油(と塩)の代役を果たすというわけだ。挽きたての黒こしょうとバルサミコ酢でもひとふりすれば、お洒落なほうれん草サラダができ上がる。

　おいしいサラダを作るコツは、洗った野菜の水気をよくきることと、食べる直前にあえること(時間がたつと塩分のため野菜から水が出る)の二点だけ。素材の食感が命のサラダにとって、大敵は水気、とだけ覚えておこう。

ベーコンと
ほうれん草のサラダ

かぶと青豆のグレープフルーツあえ

材料（4人分）

かぶ…3個(約360g)　塩…小さじ1　青豆…1人あたり数粒　グレープフルーツ…½個　オリーブ油…(好みで)数滴

作り方

1 薄切りのかぶを塩でもむところまでは、塩もみと同じ。

2 水気をきって器に盛り、ゆでた青豆と甘皮をむいたグレープフルーツの果肉(約半量)を周囲にちらす。

3 酢の代わりにグレープフルーツの果汁をふりかけ、好みで良質のオリーブ油をたらす。

かぶの塩もみ梅干あえ、塩昆布のせ

材料（4人分）

かぶ…3個(約360g)　塩…小さじ1　梅干し…1個　塩昆布…少々　ごま油…(好みで)数滴

作り方

1 かぶはスライサーで薄切りにし、ボウルに入れて塩をふり、手で水分をもみ出すようによくもむ。

2 しんなりしたら塩味をみて、塩辛すぎるようなら全体に水を加えて洗ってから、よく絞る。

3 水気をきり、ほぐした梅干しを全体にからめて器に盛る。

4 天に塩昆布を盛り、好みでごま油をたらす。

ごぼうとうどのサラダ、白ワインソースといちご、乾燥いちじく添え

材料（2人分）

ごぼう…5㎝　うど…5㎝　酢水…適量　白ワイン…180cc　ぶどう種油…少々　乾燥いちじく…1個　いちご…2個

作り方

1 ごぼうとうどは同じくらいの長さと細さに切って酢水にさらし、水気をきる。

2 白ワインを半量程度に煮つめて、色のきれいなぶどう種油と合わせ、1にかける。

3 白ワイン(分量外)で煮もどした乾燥いちじくを天に盛り、周囲にいちごを刻んでちらす。

黒ごま、じゃこ、焼き大豆入り青菜と生カリフラワーのサラダ、春菊ソース

材料（4人分）

レタス、ルッコラ、イタリアンパセリ、しそ大葉、貝割れ菜、きゅうり…各適量　じゃこ…1つまみ　黒ごま…好きなだけ　大豆…1人あたり数粒　バルサミコ酢…小さじ4　サラダ油…大さじ4　しょうゆ…小さじ4　春菊…1束(200g)　生カリフラワー…¼個

作り方

1 葉ものは適当な大きさにちぎり、きゅうりはせん切りにする。

2 1とじゃこ、いってすった黒ごま、フライパンで焼いた大豆を混ぜる。

3 バルサミコ酢とサラダ油、しょうゆを混ぜて2をあえる。

4 ゆでた春菊をピュレにして、その上に3を盛る。

5 生カリフラワーをちらす。

ドレッシングを工夫した単品野菜のプチ前菜

フランスのビストロや、気軽な食堂では、単に季節の野菜をドレッシングであえただけの、何の変哲もないサラダが前菜として登場する。たとえば、トマトをスライスしただけの一品とか、にんじんをせん切りにしただけの一品とか。簡単な食事のときも必ず料理を順番で食べるフランス人にとって、（レタス以外の）サラダはサイドディッシュにするより前菜として扱うほうが自然なのかもしれないが、このやり方はダイエットにも悪くない。まず最初に野菜だけ食べて空腹をなだめておけば、そのあとの料理を食べすぎないですむからである。それに、たとえ一皿の野菜でも、「前菜ですよ」といって出されると、ちょっとしたフルコースを食べている気分になるではないか……。

単品でも、あるいはほかの野菜を一、二種類組み合わせる場合でも、それぞれの風味を生かすソースやドレッシングを工夫すれば、サラダは単独で楽しめる料理になる。スパイスを加えたり、カリッとした食感を組み合わせたり……。残り野菜をお洒落な前菜に変身させるアイディアを考えるのは、台所を預かる者のひそかな楽しみである。

爽やかなレモンの酸味で

溶かしバターをかけて食べる白いアスパラガスのやり方を真似て、塩ゆでしたグリーンアスパラ（水にさらさない）にアツアツのバターとレモン汁をかけた。下のほうは薄い輪切りにして食べるとよい。

アスパラガス

材料と作り方

バターは湯煎にし、熱いうちにレモン汁を合わせてかける。

いんげんをゆでてみたが、それだけではいかにもつけ添えっぽいので、ゆでた青豆を取り合わせ、生の玉ねぎを入れたオリーブ油とレモン汁のドレッシングをかけてみる……と、ほら、結構見栄えのする一品になったではないか。

いんげんとグリンピース

材料と作り方

オリーブ油とレモン汁を合わせ、玉ねぎの角切りを加える。

甘みのある黒酢を使って

北イタリア原産のトレビスにバルサミコ酢とオリーブ油をかけ、ケイパーをちらした前菜サラダ。ケイパーは彩りと食感のためだが、酢漬けなのでその分バルサミコ酢を減らす。

トレビス

材料と作り方

バルサミコ酢とオリーブ油を混ぜる。ケイパーの量でバルサミコ酢を調整。

にんじんは歯ごたえを残したせん切りに。スパイスを使って雰囲気を変えようと少量のごま油に中国の黒酢でドレッシングを作り、コリアンダーの粒をちらしてみた。数滴醤油を加えると、さらにアジア風のテイストになる。

にんじん

材料と作り方

ごま油少量に中国の黒酢とコリアンダーの粒を加える。醤油数滴を加えても。

マイルドなクリーム系で

きゅうりは皮をむいて輪切りにし、塩をふって水分を出してから、生クリームにヨーグルトとフレンチマスタードを混ぜたもので。

きゅうり

材料と作り方

生クリームにヨーグルトとフレンチマスタードを加える。

根セロリのせん切りは、マヨネーズにピクルスその他を加えたソースで。マヨネーズは酢と油の代用品。

根セロリ

材料と作り方

マヨネーズにピクルスなどアクセントになるものを加える。

カリッとした歯触りを楽しむ

カリカリ小道具としてくるみを使ったので、くるみ油を追加して風味を強めた。油や酢は何種類か持っていると楽しみが増える。

レタス

材料と作り方

オリーブ油と白ワインビネガー、白醤油を混ぜ、くるみとくるみ油を加える。

ときどきカリッとした食感が入るとサラダは一層楽しくなる。木の実、豆、餃子の皮などそのための小道具はいろいろある。

クレソン

材料と作り方

食パンをオリーブ油でカリカリにし、オリーブ油と白ワインビネガー、白醤油と。

赤酢で色鮮やかに

ビーツは20分ほどゆでてから皮をむき、切る。油はオリーブ油、酢は赤い色の赤ワインビネガー。

ビーツとロメインレタス

材料と作り方

オリーブ油と赤ワインビネガーを混ぜる、定番のドレッシング。

定番のドレッシングも醤油を加えると油っこさがやわらぐ。フランスの家庭でよく食べるトマトサラダはこんな切り方。

トマト

材料と作り方

オリーブ油と赤ワインビネガーに醤油をほんの少量加える。

野菜をメインディッシュにする

LEGUMES

夏野菜のうま味を引き出す　グリル＆ロースト

ズッキーニは輪切りにして直火で焼き、オリーブ油と醤油にからめて食べるのがわが家の定番である。煮ても炒めてもおいしい野菜だし、たくさん穫れたときには揚げてみたり塩もみにしたりと調理法を工夫することもあるが、やっぱりこれがいちばんだね、と、いつも輪切りグリルに戻ってしまう。

ピーマンは、まるごと焼いて皮をむき、オリーブ油でマリネする。すぐ食べてもよいが、一晩冷蔵庫でねかせるとトロトロに柔らかくなってまた別の美味。

トマトは、断然ローストである。ある雨の多い夏、収穫したトマトが例年より水っぽいので（乾燥した夏でも雨上がりに収穫すると水っぽい）、火を通して水分を抜こうかと思い立って始めた方法だ。グリルにすると酸味が立ちすぎるが、オーブンでじっくり焼くとうま味と甘みが強調されて、これがトマトか、と驚くほど濃厚な味になる。

野菜は、生のまま食べてもよいが、直火グリルやオーブンローストにすると、本来のおいしさが中に閉じ込められて増幅され、ときにはそれだけでメインディッシュを張れるほどの存在感を持つものになる。

夏野菜のグリル＆ロースト盛り合わせ

トマトのロースト

材料と作り方

1 トマトはへたを取って横半分に切り、両端も少し切って座りをよくしてバットに並べる。

2 塩をふり、オリーブ油をかけ、そのまま数時間ないし一晩放置して水を出す。

3 150〜160度のオーブンで約1時間かけて焼く。

玉ねぎのロースト

材料と作り方

1 玉ねぎは茶色の薄皮1枚を残して縦半分に切る。

2 バットにオリーブ油をひいて塩をふり、玉ねぎの切断面を下にし、お椀を伏せるように並べる。

3 180度のオーブンに入れ、ときどき日本酒をふりかけながら、約1時間かけて、汁がなくなるまで焼く。

ピーマンのグリル

材料と作り方

1 ピーマンは丸のまま強い直火にあて、表面に焦げ目がつくまで焼く。

2 アルミホイルに包み、数分蒸してから薄い皮をむく。

3 縦半分に切って中の種を取り、適当な大きさに切り分けてから塩をふり、オリーブ油をかける。

ズッキーニのグリル

材料と作り方

1 ズッキーニは7〜8㎜厚さの輪切りにし、直火で表面に軽く焦げ目がつくまで焼く。

2 オリーブ油と醤油を3対1程度の割合で混ぜたものであえ、塩をふる。

名脇役のじゃがいもに ひと工夫して

肉や魚のつけ合わせにじゃがいもは欠かせない。脇役には違いないが、ときには主役をしのぐ存在感を示すこともあるのだから、単にゆでたり蒸したりするだけでなく、ときには異なった衣装で登場させてみたいものだ。

マッシュポテトも、ていねいに作るとほっぺたが落ちるくらいおいしい。このときばかりは体重を気にせず、思いっ切りたっぷりバターを使うのがポイントだ。

小ぶりのじゃがいもは、皮つきのままオーブンで焼く。が、このとき、切れ目を入れて月桂樹の葉を差し込むだけで、なんだか高級な料理のように見えてくるから不思議である。

「ぶどう摘みのポテト」は、その昔フランスのぶどう園で寒い冬の時期に剪定作業をやるとき、これを仕込んだ鉄鍋を持っていって焚き火にくべて焼いた、という一品。本来は塩漬け豚肉を使うところを塩辛すぎるのでふつうのベーコンと三枚肉に替えたが、それでもやっぱり赤ワインが欲しくなる……。

ぶどう摘みのポテト

材料（6人分）

じゃがいも…1.2kg　バター…60g　ベーコン…200g　溶けるチーズ…100g　豚三枚肉…150g　こしょう…少々(好みでナツメグも)

作り方

1 鋳鉄製のフライパンの内側に、刷毛でバターの一部（あらかじめ溶かしておく）を塗り、鍋の底から側面にかけて薄切りのベーコンを敷き詰め、端は外側にたらす。

2 3㎜厚さに切ったじゃがいも、溶けるチーズの細切り、豚三枚肉の薄切りを順番に重ねていき、こしょうと好みでナツメグをふりかけながら層にする。

3 残りのバターを小片に切って2の表面にちらし、たらしておいたベーコンをかぶせる。

4 アルミ箔をのせて蓋とし、220度のオーブンで1時間半焼く。

5 15分休ませ、裏返して鍋から外す。

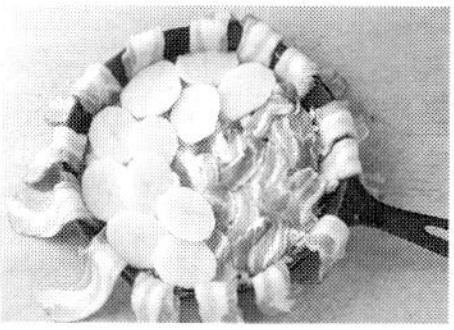

焼くと多少量が減るため、きっちりと層を作る。

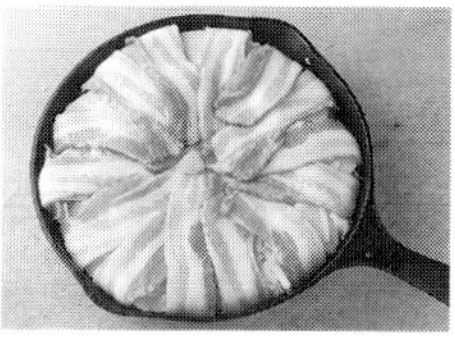

塩分が全体に行き渡るよう、外側にたらしておいたベーコンをしっかりかぶせる。

ぶどう摘みのポテト

マッシュポテト

材料（4人分）

じゃがいも…500g　バター…120g　牛乳…150cc　塩…水1ℓに対し10g

作り方

1 じゃがいもは皮をつけたまま水から塩ゆでし、串がスッと通るくらいにゆで上がったら、すぐに皮をむいて、手早くつぶす。

2 鍋に 1 を入れ、火に当てながら熱いうちに冷たいバター(小さく切っておく)を加えて激しくかき回す。

3 沸騰した牛乳を加えて柔らかさを調整する。水分がまわりに流れ出ず、しかもクリームのように柔らかいのが、マッシュポテトの理想である。

月桂樹ロースト

材料（4人分）

じゃがいも…8個　バター…10g　オリーブ油…大さじ2　月桂樹の葉…24～40枚

作り方

1 小ぶりのじゃがいもは皮つきのまま3㎜間隔の切れ目を入れる。

2 フライパンにバターとオリーブ油を入れ、表面が軽く色づくまで転がしながら焼く。

3 じゃがいもの切れ目に月桂樹の葉をはさみ、200度のオーブンで30分焼く。

個性を生かした熱の通し方

火の加え方を変化させることにより、同じ野菜がさまざまな顔を見せる。

ほうれん草はなるべく短時間でゆでて冷水にとり、歯触りと青味を生かすのがおひたしを作るときなどの常道だが、同じほうれん草を油を加えた熱湯で二〇分くらいぐつぐつ煮ると、くたくたに柔らかくなって、まったく別の野菜のような味わいになる。中華風の香りをつければ立派な一品料理である。

長ねぎも表面を軽く焼くとか、サッとゆでるとかすれば和風の歯触りになるが、長時間煮るとポワロー（西洋ねぎ）に似た感触になり、洋風の味つけが似合う。

一方、レタスは熱湯に一瞬泳がせるだけの「瞬間ゆで」にして、シャキッとした食感と鮮やかな色をそのまま残してやるのが個性を生かす方法だろう。キャベツなどは、春夏の柔らかい葉なら短時間の加熱で甘さと青さを生かし、かたい冬の葉のときは長時間煮てみるなど、ケースバイケースで加熱時間を調節するとよい。

なすやシイタケは、油で炒めるといくらでも油を吸い込んでしまい、料理をしながら、こんなに油を摂ってはカラダに悪いんじゃないか、という思いが頭をかすめる。で、炒める前に、湯通しをすることにした。ゆでて七分どおり火を入れてから、少量の油で、ほかの材料とともにあえるように炒めるのである。そうすることで、油の使用量はぐっと減る。

レタスの瞬間ゆで

くたくたに煮る

ほうれん草のごま油ゆで

材料（3〜4人分）

ほうれん草…300g　塩…水1ℓに小さじ2　ごま油…大さじ1〜2　にんにく…好みで適量　唐辛子…好みで適量　好みでごま油か鶏油、ねぎ油、かき油などいずれか…各大さじ1〜2

作り方

1. ほうれん草はよく洗い、塩とごま油を加えた熱湯で、春夏の柔らかい葉でも沸騰してから5分以上、冬のかたい葉なら10分以上ゆでる。
2. 冷水にはとらず水気をきり、皿に盛って、刻んだにんにく（分量外の少量のサラダ油で揚げておく）と唐辛子をちらす。
3. 好みでごま油か鶏油、ねぎ油、かき油、または刻みにんにくを揚げたサラダ油の残りなどをかけてもよい。

くたくた
に煮る

長ねぎのサラダ

材料（4人分）

長ねぎ…4本　塩…水1ℓに小さじ2　マヨネーズ…大さじ6〜8　ピクルス…中1本

作り方

1 長ねぎは葉の先端を切り取ってから10〜15㎝長さに切りそろえる。

2 塩を加えた熱湯でねぎを約20分ゆで、水気をよくきってから器に盛る。

3 マヨネーズに刻んだピクルス（コルニション）を加えたソースをかける。

熱湯で
泳がせる

2 レタスは手で適当な大きさにちぎり、一度に2〜3片ずつ熱湯に落とし、葉の色が鮮やかな緑色に変わったらすぐに引き上げて冷水にとる。
3 湯が再び沸騰するのを待って同じ作業を繰り返す。
4 腐乳醤油かごまだれ、ポン酢などをかけて食べる。

強火で
蒸し煮に

キャベツ煮

材料（2人分）

キャベツ…1人あたり4〜5枚　かつお節と昆布でとっただし…200cc　酒…大さじ1½　醤油…大さじ1½

作り方

1 キャベツを食べやすい大きさに切って鍋に入れ、だしと酒、醤油を混ぜたものをキャベツの⅔ほどの量を加える。
2 落とし蓋と上蓋をして、強火で数分間蒸し煮にする。加熱時間は残したい歯触りの加減で調節する。

サッと
湯通し

ゆでなす炒め

材料（4人分）

なす…4本(300g)　油…大さじ1　干し海老…大さじ1　唐辛子(好みで)…適量　酒…100cc　醤油…大さじ1　かき油…大さじ1　鶏ガラスープの素(顆粒)…少量

作り方

1なすはへたを取って乱切りにし、熱湯で軽く湯通しする。

2鍋に油を入れて干し海老を炒め、なすと好みで唐辛子を加え、酒と醤油、かき油を加えて軽くあえるように炒める。このとき鍋の汁に鶏ガラスープの素を加えてもよい。

レタスの瞬間ゆで

材料

レタス…1人あたり4～5枚　塩…水1ℓに小さじ2　腐乳醤油(市販の腐乳と少量の醤油を混ぜ、好みでごま油を加える。ごまだれやポン酢でも)…適量

作り方

1鍋に熱湯を沸かして塩を加える。

豆をもっとおいしく

GRAINE

「畑の肉」と呼ばれるほど
たんぱく質が豊富な豆。
ここに紹介したのは乾燥させた完熟豆。
中央上から時計回りにキドニー、
ストラザコルスキ、レッドアイ、
長野では「青バツ」と呼ばれる緑色の豆、
白いんげん、リマ。
中央はプラハルージュ。

Villa d'Est
HERB PRODUCTS

洋風煮込みやマッシュで新しい味わいの一皿に

豆は私の大好物である。とくにオトナになってから（つまり、年をとってから、ということだが）、豆の持つ、しみじみとした滋味がいっそうよくわかるようになった。

豆は種類が多く、色も形も多様だが、この料理にはこの豆を、と決めてかかるのではなく、とりあえず手に入る豆を、いろいろ違った方法で調理してみるのが、豆料理のレパートリーを広げる近道だろう。

もちろん和風の煮豆を作ることもあるが、私の場合、最も頻度が高いのは、ハーブやスパイスを加えて煮る方法だ。

あとは、味をつけずに煮てからサラダに混ぜたり、ソースにちらしたり。一晩水に浸けてもどした豆は、必ずいくつかに分けて異なった調理法で食べることにしている。

豆は、思い立ってもすぐに食べることができず、一晩水に浸けてもどす、という下準備がいるのが、敬遠される理由の一つかもしれない。が、前の晩でなくても、朝のうちに水に浸ければ夕食に使えるわけだし、どうしても急に食べたくなったときには（圧力鍋がなくても）、乾燥したかたい豆を、そのまま水を張った鍋に入れて強火で煮てしまう、という荒っぽい方法も有効だ。豆の種類や乾燥度にもよるが、四〇分も煮ればそこそこ食べられる柔らかさになる。逆にもどしすぎや煮すぎの場合は、つぶしてマッシュにするとポテトとはまた違ったおいしさが発見できる。

じっくりと
煮込む
1

ボルロッティ豆の地中海風ハーブ煮込み

材料（2〜3人分）

ボルロッティ豆（ほかの種類でもよい）…100g　冷水…600cc　タイム、オレガノ、ローズマリーなど…適量　コリアンダーのシード…適量　唐辛子…適量　オリーブ油…適量　塩…適量

作り方

1 豆は浅い鍋に入れて冷水（分量外）を張り、一晩浸けてもどす。

2 新しい冷水600ccに豆とハーブ、香辛料、唐辛子、オリーブ油を加えて火にかけ、沸騰したら中弱火にして水分を飛ばしながら煮込む。

3 約40分煮て、水分がほぼなくなったらでき上がり。もし途中で（豆が柔らかくならないうちに）水分がなくなりそうなら冷水を注ぎたす。塩は最後に。

2 煮た豆をマッシュする

白いんげん豆のローズマリー風味のブルスケッタ

材料（1人分）

白いんげん豆…30g　オリーブ油…適量　アンチョビー…2〜3片　塩…適量　田舎パン…適量　にんにく…適量　ローズマリー…適量

作り方

1 白いんげん豆は指の腹で押してつぶれる程度にゆで、裏ごししてペースト状にする。

2 ペーストを器に盛り、オリーブ油をたらしてアンチョビーを添える。塩は好みで。

3 田舎パンはあぶって表面ににんにくとローズマリーの葉枝をこすりつけて香りを移し、添える。

3 ペーストを揚げる

豆のコロッケ

材料（2人分・4個）

豆のペースト…200g（乾燥豆100g）　小麦粉…適量　溶き卵…1個分　パン粉…適量　マヨネーズ…大さじ2〜3　アンチョビー…適量　揚げ油…適量

作り方

1 豆のペースト（皮の薄い豆の場合は裏ごししなくてもよい）に少しずつ小麦粉を加えてまとめる。豆だけでまとまるようであれば小麦粉は加えなくてもよい。

2 ペーストを小ぶりの俵形にし、溶き卵をからめてパン粉をまぶし、油で揚げる。

3 好みでマヨネーズにアンチョビーを刻み入れたソースを添える。豆そのものに自然の塩味があるので、ソースなしでもおいしい。

穀物を多彩にヘルシーに

CÉREALES

朝食と昼食に穀物を上手に取り入れる

ロールキャベツの中身に米粒を加えるのはこの料理の本場であるルーマニアのレシピだが、私はそれを手に入れやすい雑穀に替えてみた。で、ついでにソースにも雑穀をちらす。それだけで、なんとなく「よいモノ」を食べたような気になるから不思議である。

昔から貧しさの象徴とされた雑穀が、最近お洒落なヘルスフードとして見直されてきた。パリの百貨店などでは、モダンなアクリル容器に美しくディスプレイされたさまざまな穀類が、最先端の流行食品のように並んでいる。

料理の仕方は、基本的に米と同じである。種類によって火の通り方は違うが、パスタをゆでるときと同じように、熱湯に投じてからときどき数粒を拾い上げてかたさをチェックすればよい。アルデンテになったらでき上がりだ。

お粥の場合は、もっと簡単だ。望みの柔らかさに応じて五倍から一〇倍程度の水でくたくたになるまで煮ればそれでよい。リゾットの場合も、種類別にそれぞれアルデンテの段階までゆでておき、最後に合わせてソースにからめれば失敗がない。雑穀は表皮がしっかりしているので、米のようにある限度を過ぎるとグズグズになってしまうおそれがない。扱いが面倒だろうと雑穀の調理を敬遠しているかたは、ぜひ試していただきたい。

私の朝食は、数年前からシリアルにナッツや乾燥果実を混ぜたものと決めている。牛乳にヨーグルトを加えたもの、ヨーグルトにカッテージチーズを混ぜたものなど、その日の気分で好きなものと合わせている。

高《たか》きび
別名もろこしとも呼ぶ。精白や製粉して使用していた。

あわ
日本では米の栽培以前から作られていたイネ科の穀物。

そばの実
粉にしてそばの原料になる。飢饉に備えて栽培された。

きび
五穀の一つ。やせた土地でもよく育ち、比較的たんぱく質が豊富。

からす麦の入った挽き肉のロールキャベツ、そば粉のポレンタ、ホワイトソース

材料（2人分）

からす麦（オートミール）…10g　合い挽き肉…80g　玉ねぎ…¼個　キャベツ…大きな葉4枚　鶏ガラスープ…適量　そば粉…30g　小麦粉…10g　バター…10g　牛乳…120cc　高きび（もろこし）の粒…10g　塩…適量

作り方

1 からす麦はゆでて柔らかくする。
2 合い挽き肉に玉ねぎのみじん切りとからす麦を加えてよく練り、塩で調味。
3 キャベツの葉は1枚ずつゆで、2を包み、鶏ガラスープで煮る。
4 そば粉はボウルに入れ、熱湯（分量外）を注ぎながら勢いよく撹拌して餅状にする。
5 小麦粉とバター、牛乳で作ったホワイトソースを器に注ぎ、中央に4のそば粉のポレンタを置き、ロールキャベツを盛りつける。
6 ゆでた高きびを全体にちらす。

丸麦

麦飯に入れるのは潰した押し麦だが、これは丸い粒のままの小麦。

スペルト小麦

熟していない状態の麦を収穫し、脱穀した古い品種の小麦。

シリアルと木の実と乾燥果実

オートミール

材料（1人分）

粒状オートミール(からす麦)…50g　水と牛乳…合わせて200cc　プラム、青い干しぶどう…好みで適量

作り方

1 オートミールは、水と牛乳を半々に混ぜたもので粥状になるまで混ぜながら煮る。

2 冷たい牛乳適量(分量外)をかけ、上にプラムと干しぶどうを飾る。

ミューズリー

材料（1人分）

市販のミューズリー…50〜80g　ナッツ各種、くこの実、かぼちゃの種など…好みで適量　牛乳…100〜150cc　ヨーグルト…大さじ2〜3

作り方

1 市販のミューズリーにナッツやくこの実、かぼちゃの種などを混ぜる。

2 牛乳とヨーグルトをかける。

はと麦とそばの豆芽粥

材料（1人分）

はと麦…30g　そばの実…20g　乾燥青豆…10g　塩…適量　そばの豆芽(もやし)…適量

作り方

1 はと麦とそばの実は5倍量の水を入れて、柔らかくなるまで15～20分煮る。

2 途中水でもどした乾燥青豆を加える。青豆が温まればでき上がり。

3 塩で調味し、器に入れ、そばの豆芽を軽くゆでたものを天に飾る。

丸麦と発芽玄米の黒ごま粥

材料（1人分）

丸麦…30g　発芽玄米…20g　ごま油…大さじ1　黒ごま…大さじ2　はすの実…2～3個

作り方

1 丸麦と発芽玄米は10倍量の水とともに鍋に入れ、水の量の1/20量のごま油を加えて煮る。

2 黒ごまをよく煎ってからすり、でき上がった粥にかける。

3 煮もどしたはすの実を飾る。

昼
メニュー

五穀めし膳

材料（6人分）

米…2.3カップ　赤米、丸麦またははと麦…0.7カップ　干しナツメ…7～8個　塩昆布、梅干し、菜漬け…各適量

作り方

1 米と赤米、丸麦(はと麦)を普通のご飯を炊くときと同じように、ほぼ同量の水加減で、炊飯器で炊く。事前に水に浸しておくなどの準備は不要。

2 干しナツメは水で洗う程度に軽くもどしておき、蒸らしのタイミングで炊飯器に入れ、蓋をして炊き上がりを待つ。

3 塩昆布、梅干し、菜漬けなどを添える。

昼
メニュー

雑穀入り乾燥そら豆と青菜のサラダ

材料（2人分）

スペルト小麦…10g　高きび…10g　乾燥そら豆…10〜12個　季節の青菜…100〜150g　オリーブ油…大さじ1〜2　バルサミコ酢…小さじ1〜2　塩・こしょう…各適量

作り方

1 スペルト小麦と高きびは、それぞれ熱湯でゆでてアルデンテの状態にする。

2 乾燥そら豆は水でもどしておく。

3 季節の青菜と1 2を合わせ、オリーブ油とバルサミコ酢、塩・こしょうで調味したドレッシングであえる。

高きびと丸麦と発芽玄米のリゾット

材料（2人分）

高きび(もろこし)…30g　丸麦…60g　発芽玄米…30g　塩…適量　玉ねぎ…中¼個　オリーブ油…大さじ2　鶏ガラスープ…200ccまたはひたひたになる量　生クリーム…適量　チーズ…適量

作り方

1. 高きびと丸麦、発芽玄米はそれぞれ塩を入れた熱湯でゆでて、アルデンテの状態で取り出しておく。
2. 鍋にオリーブ油を熱し、1の雑穀と玉ねぎのみじん切りを入れて軽く炒め、鶏ガラスープを加えて水分が吸収されるまで蓋はしないで煮る。
3. 好みで生クリームを加え、すりおろしたチーズをかける。

雑穀や穀物を加えて 手打ちパスタを作る

ゆでたとき熱の通りがよくなるように形を作るのがポイント。そのまま乾燥させれば、一週間は保存できる。

オリジナルパスタはみんなでわいわい楽しむ

今日はパスタにしようか、というと、私はまず棚の奥からセモリナ粉を引っぱり出す。で、テーブルの上を片づけて広くし、卵を用意してパスタ作りに取りかかる。妻でも妹でも来客でも、誰かいれば台所に呼んで手伝ってもらうのは当然である。

粉さえあれば、手打ちパスタは簡単にできる。用意する時間一〇分。練る時間一〇分、生地をねかせている間に三〇分ほどひと休みすれば、あとは仕上げの成形をみんなでわいわいいいながら楽しむだけだ。一人で大量のパスタを手打ちするのは単調な作業だが、みんなでやるとあっという間に時間が過ぎる楽しいパーティになるから面白い。

パスタマシンを使うとあとの掃除が面倒なので、フェットチーネやスパゲッティは作らない。作るのは、もっぱら指先だけでできるショートパスタ。芋虫のようなニョッキ、耳の形をしたオレキエッティ……ショートパスタにもさまざまな形状があるが、既成の名前にこだわる必要はないだろう。要はだいたい同じ程度の大きさと厚さで、ゆでたとき均等に火が通りさえすればよいのである。勝手に作って、できた形をなにかに見立てるほうが面白い。

私は小さく切った生地をスーパーで買った小型のざる豆腐のざるにこすりつけて、網目のついたニョッキのようなものを作ることが多い。が、妻はフォークの背で筋をつけるほうが好きだという。意見が合わないが、パスタの生地にゆでた雑穀を混ぜ込む私のアイディアは妻も気に入っているようである。

基本のショートパスタ

材料（2人分）

セモリナ粉…200g　卵…2個

作り方

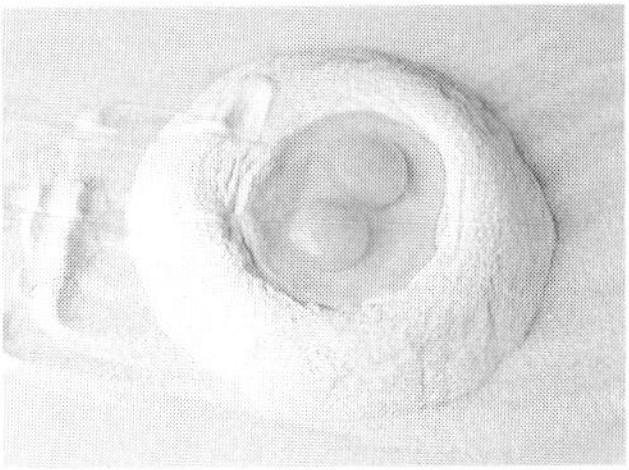

1 板の上に打ち粉(セモリナ粉・分量外)を敷き、セモリナ粉を置き、中央に卵を割りほぐす。

2 板の上の材料を手で混ぜる。初めのうちは柔らかく、水分が多すぎるかと思いがちだが、練っていくうちに弾力が出てくる。

3 材料が一つにまとまるよう押しつぶすように練る。一つにまとまったらラップで包み冷蔵庫で30分～1時間ねかせる。

4 成形する。麺棒で平たく伸ばし、包丁で1㎝角に小さく切り分け、フォークの背で押して形を作る。

パスタのゆで方

乾燥パスタは100gにつき1ℓの熱湯に、10gの塩を入れてゆでるのが基本。ゆで時間は袋の表記を目安に好みで。生パスタの場合はたがいにくっつかないで泳ぐ程度のお湯の量があればよく、いったん沈んだパスタが浮き上がったらしばらく泳がせてからすくい上げる。多少ゆですぎでも大丈夫なので、あまり神経質になる必要はない。

カリフラワー混ぜダイエットパスタ

箸を使って
生地を丸めて
マカロニにする。

材料（2人分）

ショートパスタ(53ページ参照)…100g　カリフラワー…100g　酢…適量　オリーブ油…大さじ½

作り方

1 ショートパスタの生地は薄く伸ばして2cm四方に切り、丸い箸の腹を押しつけるように回転させ、マカロニのようにする。

2 1のパスタを熱湯でゆで、生のカリフラワーを細かく切ったものを混ぜて、酢とオリーブ油であえる。量は多いが炭水化物は半分である。

スペルト小麦入りニョッキ、高きびとそば粉のオレキエッティ、卵とブロッコリーのソース

上／マッシュポテトは
水分を含むので、
セモリナ粉を
少し多くしたほうが
まとまりやすい。

材料（4人分）

ニョッキ(セモリナ粉…100g　マッシュポテト…50g　卵…1個　スペルト小麦…適量)　オレキエッティ(セモリナ粉…50g　そば粉…50g　卵…1個　高きび…適量)　黄色い卵のソース、緑のブロッコリーのソース…各適量

作り方

1 セモリナ粉とマッシュポテトに卵とスペルト小麦の粒を加えて混ぜ、ニョッキを作る(53ページ参照)。

2 セモリナ粉とそば粉に卵、高きびの粒を加えて、オレキエッティを作る。

3 2種類のパスタを熱湯でゆで、卵のソースとブロッコリーのソース(107ページ参照)をかける。

卵のソースの材料と作り方（2人分）

少量の玉ねぎをみじん切りにして油で炒め、ゆで卵の黄身2個分をつぶして加えたあと、生クリーム60ccでのばす。全体を混ぜてから火を止め、生の卵の黄身2個分を落とし、かき回しながら余熱で全体をトロリとさせる。

カリフラワー混ぜ
ダイエットパスタ

スペルト小麦入りニョッキ、
高きびとそば粉のオレキエッティ、
卵と ブロッコリーのソース

麺は穀物加工品の代表選手
アジア麺はトッピングと味つけを工夫する

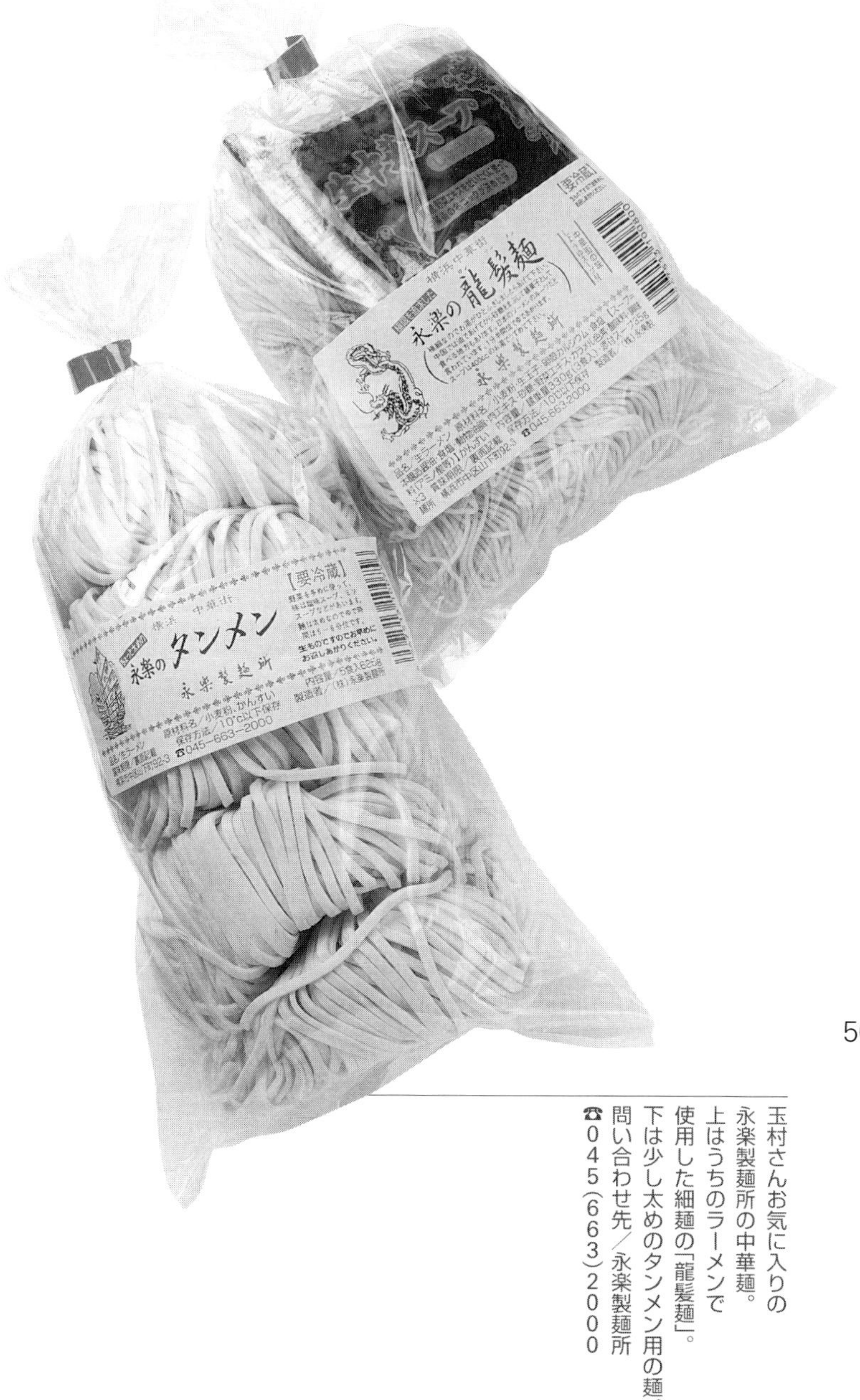

玉村さんお気に入りの
永楽製麺所の中華麺。
上はうちのラーメンで
使用した細麺の「龍髪麺」。
下は少し太めのタンメン用の麺。
問い合わせ先／永楽製麺所
☎045(663)2000

畑仕事をやるようになってから、穀物をたくさん食べるようになった。エネルギー源としてカラダが炭水化物を求めるからだろう。腹が減っては戦《いくさ》ができぬ。たしかに麺やごはんをたっぷり詰め込んでおかないと、労働の途中で力がでなくなる。

昔のようにちょっぴりの塩辛いおかずで大飯を食らう時代ではなくなったが、かといって、贅沢なご馳走ばかりを飽食するグルメ気取りも、もう時代遅れになったような気がする。健康によい、カラダが求める、自然な食事。かしこまって「粗食」をありがたがるのではなく、みんなで笑いながら遊び心のある料理を楽しむ食卓。そんな健全な日常の食事が素敵に思えてきたのは、時代のせい、というより、トシのせいなのかもしれないが。

穀類の食品の中で、誰もが好きなのは麺類だろう。いまさら作り方を紹介するまでもないが、うちの定番のアジア麺は二、三種類。このほか、ソーメンや冷麦はゆでてから肉や野菜をからめながら炒めてチャンプルーにしたり、ゆでたてを熱いソースであえてパスタのように食べたり、冷たいドレッシングであえてサラダにしたり、さまざまな食べ方で楽しんでいる。

ミコは、パリの料理店で出会ったベトナム中部の麺だが、手に入らないのでかためにゆでた中華麺で代用して、真似して作った甘いソースをかけて自己流に再現した（ミコドイの「ドイ」は大盛りの意）。

ラーメンは市販の麺を利用するが、ときにはスープを自分でとったり、ついてくる袋入りのスープを使う場合でもそれに干し海老や干し貝柱、あるいは八角や茴香《ういきょう》を加え、より中華っぽい風味に仕立てるなど工夫している。汁少なねぎ叉焼麺《チャーシューメン》は、健康のためスープを減らしたもの。スープを全部飲んでも塩分とりすぎの心配なし。

うちのラーメン

うちのラーメン

材料（1人分）

市販の細い中華麺…1玉　好みの中華スパイス（八角、花椒など）…適量　チャーシューまたはゆで豚スライス…2～3枚　市販のメンマ…適量　煮玉子…½個　白髪ねぎ…適量

作り方

1 市販の中華麺は、袋に書いてある指示に従ってゆでる。

2 つけ添えのスープを熱湯で溶き、好みの中華スパイスで風味をつけ加える。

3 チャーシューまたはゆで豚、メンマ、煮玉子、白髪ねぎをトッピングする。

煮玉子の材料と作り方

かたゆでした卵の殻をむき、醤油、酒（日本酒または紹興酒）、水またはスープ（鶏でも豚でもよい）を混ぜた煮汁で、表面に濃く色がつくまで煮る。長時間煮続けるより、10分煮ては火を止めて冷ます、また煮る、冷ますを繰り返すほうが中まで味がよく染みる（137ページ参照）。

汁少なねぎ叉焼麺《チャーシューメン》

材料（1人分）

市販の細い中華麺…1玉　チャーシュー…1～2枚　ねぎ…4～5㎝　自家製スープ…適量　サラダ油…適量

作り方

1 チャーシューはせん切りにし、細く切ったねぎとともに軽く炒める。

2 どんぶりに袋の指示どおりにゆでた麺を入れ、スープを六分目ほど注ぎ、1をのせる。

自家製スープの材料と作り方

鶏ガラ1羽分を5～6片に切って3ℓの水に入れて強火にかける。沸騰したらアクを取り、弱火に。金華ハムはマッチ箱程度の量を数片に切り分けて、干し貝柱2～3個をほぐして加える。八角や花椒などを好みで香りづけに加え、蓋をしないで2時間ほど煮つめる。

ミコドイ甘ソース麺

材料（4人分）

甘ソース(日本酒…大さじ2　かき油…大さじ2　中国甘醤油…大さじ2)　中華麺…3〜4玉　巨大揚げ玉…4個　チャーシュー…4枚　ねぎ…8〜10㎝　香菜…適量

作り方

1 煮きった日本酒にかき油と、甘く濃厚な中国甘醤油を混ぜて甘ソースを作る。甘さと濃度がたりない醤油しかない場合は、ハチミツ適量(分量外)を加えて調味してもよい。

2 中華麺をかためにゆで、甘ソースとあえる。

3 麺の上に巨大揚げ玉とチャーシュー、せん切りにしたねぎ、香菜を飾る。

巨大揚げ玉の材料と作り方

小麦粉60gを卵1個と水60ccで練り、お玉杓子から低温の油(いったん全体が鍋底に沈む程度)の中に落とす。浮き上がる前にフライ返しで、中の空気を抜くように押さえながら色づくまで揚げる。

はと麦のココナッツミルク煮

材料（2人分）

はと麦(または好みの雑穀)を炊いたもの…100～150g　ココナッツミルク…200cc　緑豆(または好みの豆)…少々　小倉あん(市販品でよい)…適量

作り方

1 はと麦などの雑穀を炊いたものを鍋に入れ、ココナッツミルクを注いで糊状になるまで煮る。

2 緑豆は一晩水でもどしてから、柔らかくなるまで煮る。

3 はと麦を器に盛り、緑豆をちらし、好きなだけ小倉あんを添える。

ヴィラデストの秋はきのこから

CHAMPIGNON

フレッシュな野生のきのこが
手に入ったら、
まずはシンプルな調理法で、
その食感と香りを楽しむ。

手前から奥へ、ナメコ、
ヒラタケ(信州シメジ)、クリタケ。
いずれも信州の山で採れた
野生のきのこたち。

きのこの個性を生かして シンプルな一品に

　シイタケは裏の雑木林に原木を並べて栽培している。雨と気温の関係で出たり出なかったり、顔を出した途端に干からびてしまったり、うっかり採り忘れて巨大になりすぎたり、これでは商売にならないけれど、でも中国産のよりずっとおいしい。

　信州は日本一の「きのこ王国」だから秋になるとさまざまな天然きのこが手に入るが、最近は通年で栽培する技術が発達したので、いつでもどこでも多くの種類のきのこが買えるようになった。カロリーがほとんどないうえ、抗酸化作用などの機能性もあり、健康にもダイエットにも有効な食物なのだから、冬の鍋物だけでなく、もっといろいろな料理に応用したいものだと思う。

　きのこには、煮る、焼く、炒める、揚げるなど、すべての調理法が使えるが、とりわけ油との相性がよいので、肉厚のものなどは、パン粉をつけて丸ごとフライにするのも面白い。きのこにカロリーがない分、油をたっぷり使えるのが魅力である。

ゆでる、というのも有効な調理法で、これならさらに低カロリーの一品になるし、また、エノキダケや新鮮なシイタケなど（マツタケも！）生で食べると純粋な香りが立ってとてもおいしいことを覚えておこう。

　食べ頃を過ぎた巨大な笠のシイタケやシメジなどは、直火で焼いてオリーブ油をかけて食べるとこれもまた新鮮な味覚である。

エリンギのフライ

ゆでシイタケと
生エノキのポン酢かけ

クリタケのグレック

焼きシイタケの
オイルがけ

エリンギのフライ

材料（2人分）

エリンギ…2～4本　小麦粉…適量　卵…小1個　パン粉…適量　揚げ油…適量　レモン…適量　塩…適量

作り方

1 エリンギは石突きの部分を切り取ってから軽く水で湿らせる。

2 エリンギに小麦粉をまぶし、溶き卵にくぐらせ、パン粉をつけて油で揚げる。

3 レモンをくし形に切って添え、塩をふる。

クリタケのグレック

材料（2人分）

クリタケ…両手一杯　にんにく…½片　オリーブ油…適量　塩…適量　レモン…適量

作り方

1 クリタケは石突きと軸の下部のかたい部分を切り取る。

2 にんにくは粗みじんに切り、フライパンにオリーブ油をたっぷり入れて香りが出るまで炒める。

3 クリタケを加え、塩を強めにふり、全体をかき混ぜながら強火で炒める。

4 あまり汁が出ないうちに火を止め、器に移してそのまま冷やす。

5 好みでレモンをかけていただく。

ゆでシイタケと生エノキのポン酢かけ

材料（2人分）

シイタケ…小さくて丸いもの4～6枚　エノキダケ…¼束　ポン酢…適量

作り方

1 シイタケはやや大きめのものなら2つに切り、熱湯にくぐらせて、水気をきる。

2 エノキダケは、石突きの部分を切り取って、よくほぐす。

3 シイタケとエノキを合わせて、全体をポン酢で軽くあえて小鉢に盛る。

焼きシイタケのオイルがけ

材料（2人分）

シイタケ（ヒラタケなどでもよい）…笠の開いた大きなもの2～4枚　塩…適量　エキストラヴァージンオイル…適量

作り方

1 シイタケは笠が大きく開いたものを使い、丸のまま直火にかけて焦げ目がつくまで焼く。きのこが乾いているときは、少し水で湿らせてから焼くとよい。

2 塩をふり、エキストラヴァージンオイルをかける。

芳醇な香りを楽しむきのこペースト

マッシュルームでも、エノキダケでも、シメジでも、つぶしてペーストにするとさまざまな料理に応用が利く。マッシュルームは驚くほど濃厚な風味になり、エノキダケはほの甘い品のよさが強調され、シメジ（スーパーなどで普通に売っているパック入りの信州シメジ）は、いったん乾燥させてから水でもどしてペーストにすると、フンギポルチーニそっくりのすばらしい香りが立つ。

私は長い間、イタリア風のきのこのリゾットを作るときには、高価な乾燥フンギポルチーニを水でもどしてから細かく刻んだものを、そのもどし汁といっしょにスープに加えていたが、数年前、地元の農家が手作りした乾燥シメジをもどしてみたら同じような香りがすることに気づき、以来、安いシメジで代用するようになった。

シメジに限らず、シイタケなども、使わないで放っておくと乾燥してカラカラになってしまう。そういう「自然乾燥きのこ」は、また水でもどして使えばよい。家で乾いたようなものは、水に三〇分も浸ければもどることが多いから、急ぎの調理のときにも便利である。

なお、マッシュルームなど空気に触れると色の変わるペーストもあるが、タッパーに入れて冷蔵しておけば数日間は問題ない。

基本のきのこペースト

材料と作り方

1 きのこは何を使ってもよいので、好みのものを用意する。

2 マッシュルームなど水分の多いきのこはそのままフードプロセッサーにかけるが、水分の足りないきのこの場合、刃が回転しないようなら少しずつ水をたしてペースト状になるように調節する。水の代わりに鶏などのスープを使ってもよい。

エノキにシメジ、ナメコにマイタケ、マッシュルーム……。好みのきのこでよい。

きのこによって水分を調節しながらフードプロセッサーにかける。

きのこのシチュー。
いつもの要領で作った
ビーフシチュー、
あるいはレトルトの
シチューでも
最後にきのこのペーストを
加えてよく混ぜる。これだけで、
確実にひと味違った
高級感が出る。

鶏肉のきのこソース

材料（2人分）

鶏もも肉…1枚　きのこペースト…180cc程度　生クリーム…適量　牛乳…適量　塩・白こしょう…各少々　エリンギ…小さいもの4〜6本　ワイルドライス…60〜80g

作り方

1 鶏もも肉は、皮目を下にして弱火にかけ、余分な脂を取りながら皮がパリッと黄金色になるまで焼き、最後に反対側を軽く焼いてから塩をふっておく。

2 きのこペーストを生クリームと牛乳でのばしてソースとし（全体の柔らかさを見て量を調節する。濃厚な風味を好む人は生クリームの割合を増やし、さっぱり味がいい人は牛乳だけにする）、塩・こしょうで味を調える。こしょうは、白こしょうのほうが色味がよい。

3 エリンギは石突きの部分を切り取ってから、丸のまま塩を入れた湯で軽くゆでる。

4 ワイルドライスは、同じく塩を入れた湯で火が通るまで20分ほど煮る。

5 皿に1の鶏肉を2つに切って重ね、2のソースをたっぷり敷き、エリンギをきのこが生えているように飾り、ワイルドライスを添える。

きのこのニョッキ

材料（2人分）

セモリナ粉…100g　卵…1個　きのこペースト…100g　塩…適量　好みのソース（オリーブ油と中国酢を2〜3対1の割合で）

作り方

1セモリナ粉の山に卵を落とし、きのこペーストを加えながら、耳たぶ程度のかたさになるまで練る。

2 1をラップにくるんで30分以上冷蔵庫でねかせ、直径1㎝程度の紐状に伸ばしてから長さ1㎝くらいに切り分け、指やフォークの背などで筋をつける（53ページ参照）。

3塩をたっぷり加えた熱湯にニョッキを入れ、浮いてきたニョッキを少し泳がせればゆで上がり。

4ニョッキの水気をきって好みのソースであえる。今回はオリーブ油と中国酢をからめただけのさっぱりしたサラダ感覚で。

きのこのリゾット

材料（2人分）

乾燥シメジ…20g　オリーブ油…大さじ2　にんにく…少量　玉ねぎ…¼個　米…120g　鶏ガラスープ…250cc　好みでバターや生クリーム…各適量

作り方

1乾燥シメジを10分ほど水に浸けてもどし、フードプロセッサーにかけてペースト状にする。ほかのきのこの生のペーストを使ってもよい。

2フライパンにオリーブ油をひいて、にんにくと玉ねぎのみじん切りを軽く炒め、米を加える。米は水洗いせず、そのまま使用。

3透明な米粒の端が一部白くなるまで炒め、1のペーストと鶏ガラスープ、あれば乾燥シメジのもどし汁をひたひたになる程度加え、強火で水分を飛ばしながら15分ほど煮る。途中で水分が足りなくなったらスープかもどし汁を加える。

4米をつまんで噛み、でき上がり状態を確かめる。20分前後で汁がなくなり、アルデンテに仕上げるのが理想的。

5好みで最後にバターや生クリームをからめてもよい。

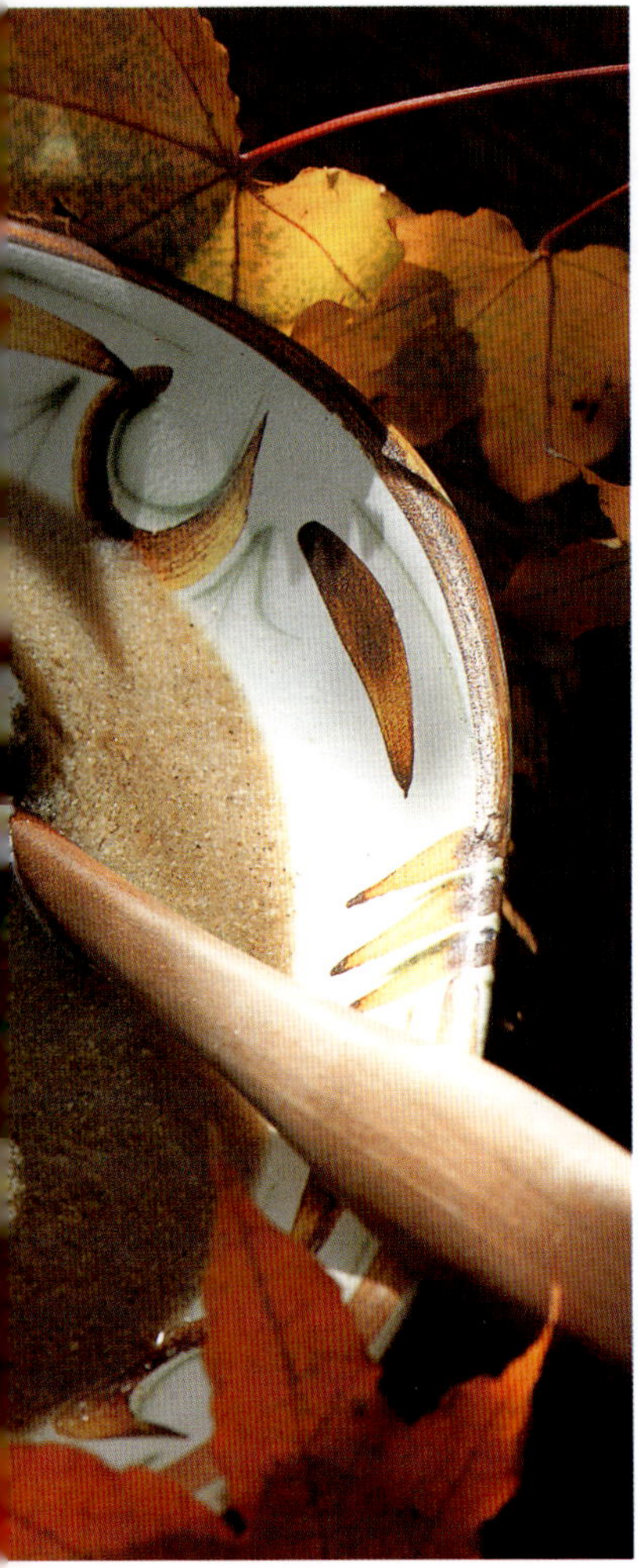

きのこのグラタン

材料（4〜6人分）

シメジ、シイタケ、マッシュルームその他手に入るきのこ数種類…300g　サラダ油もしくはオリーブ油…大さじ2　牛乳(好みで生クリームも)…合わせて300cc　塩…適量　ホワイトソース(バター…20g　小麦粉…20g　牛乳…200cc)　溶けるチーズ…適量

作り方

1 きのこはそれぞれ石突きを取ってから、油で軽く炒め合わせる。

2 牛乳(好みで生クリームも)を加え、塩をして味を確かめながら、トロリとするまで煮つめ、グラタン皿に移す。

3 別の鍋で、バターと小麦粉、牛乳でややかためのホワイトソースを作り、2のグラタン皿にまんべんなくかける。

4 上に溶けるチーズを切って並べ、上火がきくグリルまたはオーブンで焦げ色がつくまで焼く。

きのこのポタージュ

材料（2人分）

鶏ガラスープ…300cc　きのこ（好みのもの）…100g　塩…適量　生クリーム…適量

作り方

1 鶏ガラなどでとったあっさりしたスープにペーストにしたきのこを加えて、ドロリとしたポタージュの濃度になるようスープの量を調節する。スープはキューブブイヨンなどほかのスープでもよいが、きのこの香りを生かすにはあっさりした鶏系のスープのほうが無難なようだ。

2 火にかけて温めてから塩を加えて味を調え、器に移して生クリームを加える。

2

ヴィラデストの スペシャリティ

ひらめのセヴィーチェ
すずきのカルパッチョ、
　貝割れ大根とレンズ豆添え
まぐろのヅケ
帆立の刺し身ジンジャー風味と、
　スパイシーツナのタルタル、ポン酢ソース
シアード・ツナとアボカドの
　わさびオリーブ醤油あえ
白身魚のホットごまオリーブ油かけ
すずきの薄造りとレタスのナムプラー炒め、
　くるみ散らし
鯛茶漬け2種（ごまあえと卵みりん醤油あえ）
焼き帆立といんげんのサラダ
たこのスペイン風
ブイヤベース風海老カレー
フランス風チキンカレー
タイ式ホワイトカレー
インド式挽き肉とレンズ豆のカレー
豚肉の海老醤アジア炒め
バジルと牛肉の甘醤油炒め
鴨のロースト、オレンジソース
豚肉のポワレ、白ワイントマトソース
豚肉のしょうが焼き
豚肉のロースト、りんごソース
豚肉のロースト、日本酒ソース、
　玉ねぎのコンフィ添え
牛肉のソテー、赤ワインソース
赤ワインのリゾット
ボイルドソーセージ、サルサヴェルデ添え
鶏肉のパン粉焼き、マスタードクリームソース
仔羊のロースト
白身魚のブロッコリーソース
牛肉の煮込みブラウンソース
貝鍋
豚キャ鍋
肉団子鍋
きりたんぽ
ペンロー
エスニック鍋

お刺し身自由自在

SASHIMI

すずきのカルパッチョ、貝割れ大根とレンズ豆添え

材料（2人分）

すずき…100g　オリーブ油…大さじ1　醤油…小さじ1　レンズ豆…小さじ2程度　塩…適量　玉ねぎ…1〜2切れ　貝割れ大根…適量

作り方

1 レンズ豆は1時間ほど冷水に浸けてもどし、たっぷりの水で、水から火にかけて沸騰させアクを取り、鍋に蓋をして弱火で15〜20分ゆでる。水気をきって塩で調味し、オリーブ油適量（分量外）であえておく（レンズ豆は200〜300gの分量を一度にゆでておくと便利。冷蔵庫で保存しておき、そのまま油であえてサラダに加えたり、スープで煮て温めたものを肉料理のつけ添えにしたり。砂糖やハチミツで甘くすればデザートにもなる）。

2 すずきは削ぎ切りにして器に並べ、オリーブ油と醤油を混ぜたものを刷毛で表面に塗る。

3 玉ねぎの輪切りの中に貝割れ大根を入れて器の中央に飾り、レンズ豆をちらす。

ひらめのセヴィーチェ

材料（2人分）

ひらめ…100g　セロリ…20〜30g　塩…適量　ライム…2個　きゅうり…½本　玉ねぎ…適量

作り方

1 ひらめは不均等な厚さの削ぎ切りに、セロリはみじん切りにする。

2 バットにひらめを並べてセロリをまぶし、全体に塩をふってからライムの絞り汁をたっぷり回しかける。

3 冷蔵庫で1時間以上（できれば半日か一晩）おいて刺し身の表面と汁が白濁したら器に並べ、さいの目に切ったきゅうりと玉ねぎのスライスを飾る。

4 汁もいっしょに味わえるようかける。

すずきのカルパッチョ、
貝割れ大根とレンズ豆添え

ひらめのセヴィーチェ

スパイスやビネガーを効かせてお刺し身サラダ

山に住んでいても、新鮮な魚が食べられる。ありがたいことだ。宅配便のおかげで、電話一本で北海道から鮭や帆立貝が、淡路島から鯛が、能登から鱈《たら》が届くのである。いったん築地を経由するより、海辺から山中へ直行するほうが早いかもしれない。

もちろん毎日そんな取り寄せをしているわけではないが、地元のスーパーでも上質の活け締め魚が手に入る。山の中ではさぞ不自由だろう、と心配する友人が魚介を送ってくれるのはうれしいけれど、昨今の流通事情はおおかたの都会生活者の予想を超えている。

というわけで、刺し身はよく食べる。定番は、いつでも確実に調達できる、まぐろに白身魚。まぐろは、中とろはそのまま、醤油代わりに塩昆布をのせて、赤身はヅケ(醤油漬け)にして、両方を同時に楽しむことが多い。ヅケは、引き造りにしたのを醤油に一〇分くらい浸す即席の(最近のスシ屋に多い)ではなく、さくのままペーパータオルにくるんで熱湯をかけてすぐ冷ましたものを、隙間

まぐろのヅケ

なくバットに並べてひたひたに生醤油を注いで作る。一時間後には食べられるが、二時間は待ったほうがいい。残ったら冷蔵庫に一晩ねかせておくとべっこう色に光るヅケとなる。

刺し身を盛るときには、きゅうりをスライサーでせん切りにして山にし、しその大葉を敷いて盛る。あれば大根も加えるが、食べられないような飾りのツマは必要ない。いっしょに盛った野菜も全部食べるのが当然である。別々に食べるから「刺し身とツマ」だが、混ぜて食べれば刺し身は「魚のサラダ」なのだから。

刺し身をサラダと考えれば、食べ方の発想は自由に広がるだろう。オリーブ油やビネガーやスパイスを加えると、見慣れた刺し身がおしゃれなオードブルに変身する……。

帆立の刺し身 ジンジャー風味と、スパイシーツナのタルタル、ポン酢ソース

材料（2人分）

帆立貝柱…4個　オリーブ油…大さじ1〜2　まぐろ…50g　塩…適量　粉唐辛子…適量　リーフレタス…適量　しょうが…適量　レモン…適量　青ねぎ…適量　ポン酢（レモン汁と醤油を1対1〜1.5の割合で）

作り方

1 帆立貝柱は2〜3枚に削ぎ切りし、器に並べてオリーブ油を塗る。
2 まぐろは小さなさいの目に切ってから包丁でたたいてタルタル（たたき）にし、少量のオリーブ油と塩、好みの量の粉唐辛子で調味して、器の中央に高く盛る。
3 天にリーフレタスを飾る。
4 すり下ろしたしょうがを帆立貝柱の上にのせ、さいの目に切ったレモンと青ねぎをちらし、ポン酢をかける。

お刺し身ホット仕立て
火を通してうま味を閉じ込める

新鮮な魚も、残して冷蔵庫にしまっておけば鮮度が落ちる。鮮度が落ちなくても、二日目、三日目となれば同じような食べ方に飽きてくる。そういうときは、火を通して食べる工夫をする。

あぶる、焼く、熱い油をかける、熱いお茶をかける（茶漬けにする）……、刺し身をホットに仕立てるにはさまざまな方法があるが、面倒ならツマの野菜ごと中華鍋に放り込んで炒めてしまう、というやり方だってある。大胆というより乱暴だが、それが案外おいしい料理になったりもするのだ。

料理は自由自在である。私はもう三〇年ほど、ほぼ毎日のご飯を自分で作っているが、いちばん得意なのは残り物を別の料理に仕立てることだ。昨日の残りを私流に処理したとは気づかれずに、「あ、これ、おいしい」といって食べてもらえたときは心中で快哉を叫ぶ。

そんな妻が最近、死ぬ前にレシピを書き残しておけという。私がいなくなっても自立できる方策を考えているらしい。心中いささか穏やかではないが、私も来年は還暦だ。そろそろ鮮度が落ちてきたか……。

シアー

シアード・ツナとアボカドのわさびオリーブ醤油あえ

材料（2人分）

まぐろ…1さく（100g）　アボカド…½個
わさび…適量　醤油…小さじ2　オリーブ油…大さじ1　ねぎ…適量

作り方

1 まぐろのさくは網にのせ、強火で表面に焦げ目がつくまであぶり、冷水にとって冷ましたあと水気をよくふく。
2 アボカドは皮と種を取り、適当な大きさに切る。
3 まぐろをやや厚めの引き造りにし、アボカドとともに器に盛り、わさび醤油にオリーブ油を加えたものを回しかける。
4 ねぎの細切りを天にのせる。

強火で一気にあぶったあと、すぐに冷水にとり、うま味を閉じ込めるのがコツ。かつおのたたきの要領で表面をあぶることを「シアーする」という。

白身魚のホットごまオリーブ油かけ

材料（2人分）

白身魚…100g　オリーブ油…大さじ2　ごま油…小さじ2　醤油…大さじ1　大根…適量　大葉…適量　白ごま…少々

作り方

1 白身魚を薄造りにして器に並べる。

2 オリーブ油とごま油を3対1程度の割合で混ぜたものを小鍋で煙が出るくらいまで熱し、熱いうちにまんべんなく白身魚にふりかける。

3 醤油を冷たいまま、上にふりかける。

4 大根と大葉をせん切りにし、つけ合わせにする。飾りにいった白ごまを少量ふってもよい。

オイルがけ

薄く切った白身魚は、熱いオイルをかけるだけで、ほどよく熱が行き渡り、新鮮な味わいになる。野菜もいっしょにかき混ぜればどこから見てもサラダである。

すずきの薄造りを中華鍋に入れたら、ひとふりで火からおろすのがポイント。調味料は火を止めてから。

すずきの薄造りとレタスのナムプラー炒め、くるみ散らし

材料（2人分）

すずき…100g　レタス…5〜6枚　サラダ油…大さじ2　ナムプラー…適量（塩味をみて加減する）　くるみ…1個

作り方

1 レタスの葉は洗ってからよく水気をきり、適当な大きさに手でちぎる。

2 中華鍋を強火で熱してサラダ油を入れ、煙が出るほど高温になったらレタスの葉を入れ、サッとかき混ぜる。

3 レタスがしんなりしてきたら、すずきの薄造りを全体にちらばるように加えて鍋をひとふりし、すぐに火を止める。

4 鍋のままナムプラーをふりかけて調味し、器に盛ったあと、砕いたくるみをふりかける。

ナムプラーの風味を

鯛茶漬け2種（ごまあえと卵みりん醤油あえ）

材料（2人分）

ごま衣（市販の白ごまペースト大さじ1　日本酒…小さじ1　醤油…小さじ1　昆布だし…適量）　卵みりん醤油衣（みりん…小さじ1　醤油…小さじ2　卵黄…1個）　鯛の刺身…適量　ご飯…適量　緑茶…適量

作り方

[ごまあえ]

ごまペーストに、煮きった日本酒と醤油、好みで昆布だしを加える。濃度はだしの量または水を加えて調節する。

[卵みりん醤油あえ]

みりんと醤油を合わせた中に、卵黄を加えてよく混ぜる。

●鯛の刺身を、それぞれのあえ衣であえ、ご飯の上にのせる。1膳目はそのまま食べ、2膳目はその上から熱々の緑茶をかけてお茶漬けにする。

熱いお茶をかけるだけで、別々にいただくのとはまったく違った食感になる。

熱いお茶をかける

焼き帆立といんげんのサラダ

バターで帆立を軽くソテーすると、熱が通るのと同時に香りづけがされる。

材料（2人分）

帆立貝柱…4個　バター…10g　塩…適量　いんげん…100g　オリーブ油…大さじ1　醤油…小さじ2　サラダ菜…適量　ラディッシュ…1個

作り方

1 帆立貝柱は2〜3枚に切り分ける。

2 フライパンにバターを溶かし、帆立貝柱の表面に軽く焦げ目がつくまで焼いて、仕上げに軽く塩をする。

3 いんげんは両端と筋を取り、塩を加えた熱湯でゆでて冷ます。

4 器にサラダ菜を敷き、いんげんを盛り、上に帆立貝柱をのせる。

5 オリーブ油と醤油を混ぜたものを回しかけ、天にラディッシュを飾る。

バターで焼く

直火で焼いて
オリーブ油をかけるだけ!
たこのスペイン風

ゆでだこをスーパーで買ってくる。それを強火のガスで、炎を当てながら表面全体に黒い焦げ目がつくまで焼く。焼けたら削ぎ切りにして器に並べ、上からオリーブ油をかけ(刷毛で塗ってもよい)、パプリカの粉を散らす。塩味が足りなければ塩か醤油を少し。

単にそれだけの料理(といえるかどうか)だが、このレシピが、簡単にできるワインのおつまみとして最近わが家では人気である。焦がして焼くだけでまったく違った風味になるのがおもしろく、香りのよいヴァージンオリーブ油を使えば来客用の前菜としても立派に通用する。

もとはといえばイベリア半島北部、ポルトガルとスペインの国境に近いレストランで、冷凍したたこの足をそのまま柔らかくゆで上げてさらに直火で焦げるまで焼いた一品を食べたのがヒントで、中途半端に余ったゆでだこを見たときに突然その味を思い出して、簡単な私流のレシピに変えて再現してみたのである。

直火でよく焼く

ゆでだこを焼きやすい適当な大きさに切り分け、炎が当たるほどの強火の直火で焼く。表面が黒くなるまでしっかりと焼いたほうが香ばしさが出る。

薄く削ぎ切りに

焼いたたこは歯ごたえが強いので、3〜4㎜ほどの薄い削ぎ切りにして食感を楽しむ。表面の面積が広くなり、オリーブ油やスパイスもからみやすい。

オリーブ油を塗る

仕上げの味つけはオリーブ油とパプリカ。パプリカの色素は油分によく溶ける性質を持っているため、オリーブ油との相性もよい。鮮やかな赤色もアクセントに。

エキゾチックなスパイス料理

ÉPICE

辛みの違いで演出する スパイス仕立ての世界のカレー

カレーは究極の料理である。

究極というのは、そこまでいくと後戻りができない、という意味だ。どんな料理も各種のスパイスを際限なく加えていくと結局はカレーになり、いったんカレーになったものは二度と元の料理には戻らない……。

たとえば、エビの殻からとっただし汁を煮つめてソースを作ってソテーした海老にかけたものは、ふつうのフランス料理にあるレシピである。魚介のだしで魚介を煮て、サフランで香りをつければ南仏名物ブイヤベースだ。が、そこにクミンだのコリアンダーだのクローブだの、強いスパイスを加えていけば、最後は誰が食べてもカレー、という味になる。

サフランやクローブはフランス料理でもインド料理でも使われるスパイスだが、クミンその他になると、欧米人にとっては異国の香り。コリアンダーは種を使うとインド風になるが、葉（香菜）の香りはタイ料理の雰囲気。スパイスはその種類と使い方で強烈にその料理のお国柄をあらわすのだ。

カレーが辛いのは唐辛子のせい、黄色いのはターメリック（高価なサフランの代わりに使う）のせいである。だから黄色いスパイスを使わずに白いココナッツミルクと青い唐辛子などで作ったタイ式カレーは、白いが、辛い。私は市販のペーストを使って簡単に作るが、そのときもレモングラスとコブミカンの葉だけはどうしても必要だ。

玉村さん自家製の調味料。かきのナムプラーにピッキーヌと呼ばれるタイ産の小さな唐辛子をハサミで細かく切って漬けたもの。アジア炒め（95ページ）などに加える。

ブイヤベース風海老カレー

フランス風チキンカレー

フランス風チキンカレー

材料（2人分）

鶏もも肉…2枚　塩･こしょう…各適量　生クリーム…30cc　フレンチマスタード…15cc　カレー粉…小さじ1

作り方

1 鶏もも肉は塩･こしょうし、油をひかないフライパンに皮目を下にしてのせ、弱火で溶け出た脂をふき取りながら焼く。

2 七分どおり火が通ったら裏返して軽く焼く。

3 鶏肉を取り出したフライパンに生クリームとフレンチマスタードを好みの割合に混ぜて熱し、カレー粉を加えてソースを作り、鶏肉にかける。ダイエット中の方は生クリームの代わりにプレーンヨーグルトを使うとよい。

ブイヤベース風海老カレー

材料（2人分）

海老（ブラックタイガーなど中～大サイズ）…4～8尾　油（サラダ油など）…大さじ3～4　玉ねぎ…中1個　にんにく…適量　A［マスタードシード、クミン、コリアンダー、アジョワン、カルダモンなど…適量］　ターメリック（またはサフラン）…適量　唐辛子ペースト…適量　塩…適量

作り方

1 海老は頭部と殻を外し、背中から切り目を入れて背わたを取る。頭部と殻は油で炒めてから水1.2ℓを加えて沸騰させ、しばらく煮出し、こしておく。

2 玉ねぎとにんにくはみじん切りにして、油で濃く色づくまで炒め、Aのスパイスを加えてさらに炒めてから、1のだしを加え、ターメリック（または高価だがサフラン）と唐辛子ペーストを加えて好みの辛さと色に調節する。

3 鍋にむいた海老を加え、軽く煮る。味をみて塩味が足りなければ塩を加える。

スパイスの量と使い方

ホール（粒）のスパイスは石臼《いしうす》などでつぶして（カルダモンは外の殻を外してから）使う。マスタードシードを使う場合は最初に空の鍋でこれを熱し、弾けてきたら玉ねぎなどを加えて炒める。他のスパイスはだしに加えればよい。量は好みに左右されるので、初めはごく少量から試してみる。特に粉末の場合は多すぎないように注意する。市販のガラムマサラ（混合スパイス粉末）はクローブの香りが強すぎることが多いので、私はあまり使わない。

タイ式ホワイトカレー

材料（4人分）

トム・カー・ペースト…1袋(50g)　グリーン・カレー・ペースト…⅓袋　豚肉…200g　なす…4本　干し海老…大さじ1〜2　レモングラス…2本(30g)　カー(またはしょうが)…1片(8g)　コブミカンの葉…8枚　ココナッツミルク…400cc　水…400cc　シメジ(ヒラタケかフクロタケでもよい)…適量

作り方

1 豚肉は1口大に、なすは皮をむいて乱切りに、干し海老とレモングラスとカー、コブミカンの葉は4枚を残しみじん切りにしておく。
2 豚肉となすを加えて炒め、干し海老とレモングラスとカー、コブミカンの葉(切らずにそのままのものも)を加える。
3 トム・カー・ペーストとグリーン・カレー・ペーストを加える。
4 ココナッツミルクと水を加える。
5 シメジを加えて軽く煮る。

タイカレーの材料、右上から時計回りにヒラタケ、なす2種(タイの品種)、赤玉ねぎ、コブミカンの葉、カー(白しょうが)、レモングラスなど。

左上から時計回りに、クミン、フェヌグリーク、カルダモン、ブラウンマスタード、コリアンダー、アジョワン。

インド式挽き肉とレンズ豆のカレー

材料（2人分）

レンズ豆…100g　玉ねぎ…1個　しょうが…少々　油…適量　合い挽き肉…100g　クミン、コリアンダーほか好みのスパイス…適量　鶏ガラスープ…適量　カレー粉(またはターメリックとガラムマサラ)…適量　唐辛子ペースト…適量　塩…適量

作り方

1 レンズ豆は冷水に1時間つけてもどしてから、水から30分煮て取り出す。

2 玉ねぎとしょうがはみじん切りにし、油でよく炒めてから合い挽き肉を加え、クミン、コリアンダーほか好みのスパイスを加えてさらに炒める。

3 鶏ガラスープを加え、カレー粉と唐辛子ペーストで好みの辛さと香りに調節する。

4 レンズ豆を加えてひと煮立ちさせ、最後に塩で味を調える。

香りを味わうアジア炒め

アジアの国に旅行すると、さまざまな調味料を買い込んでくる。タイの海老醬（唐辛子ミックス）やかに風味のペースト、海老卵・かに卵、中国の甘い醬油類、各国の魚醬やチリペースト、字が読めないからなんだかわからない瓶詰めのペースト類……。わからなくてもなめてみれば見当はつくから、それらを適当に混ぜ合わせて不思議な味を作り出すのが私は好きだ。

牛肉（豚肉でも）を強火で炒めたところへ海老やかにの強い香りがついた唐辛子のペーストを加えてみる。塩味が足りなければ魚醬（ナムプラー、ニョクマム）をふりかける……。わが家定番の「アジア炒め」である。アジアであることはたしかだが国籍不明の調味料もあるので単に「アジア炒め」と呼ぶのだが、辛さと香りが刺激的で、やたらにご飯がすすみすぎて困るおかずでもある。

同じ肉を、こんどは中国製の甘い醬油と、かき油で味をつけて炒めてみる。日本の醬油は種類が少ないが、アジアには驚くほどさまざまな醬油……というか味噌と醬油の中間みたいな醬（ジャン）の類があって、それぞれに風味が違う。この種の調味料はかき油やバルサミコ酢なども相性がよいので、工夫次第でレシピの範囲がぐっと広がる。最近は日本でもかなり手に入るようになったが、アジアの国に行く機会があったら、一度は地元のスーパーを覗いてみるとよい。

保存性はよいが、瓶詰めのペースト類は使ったあとはきっちり蓋をして、水気や汚れでカビが生えないよう注意したい。

豚肉の海老醤アジア炒め

材料（2人分）

干し海老…大さじ1　豚肉…100g　油…適量　海老醤…大さじ1　水または日本酒…大さじ1　海老卵、かに卵(瓶詰)…適量

作り方

1 干し海老に少量の水を加えて、電子レンジに約30秒ほどかけてもどす。

2 豚肉は乱切りにし、もどした干し海老とともに油で炒める。

3 タイの海老醤を水または日本酒で溶き、2に加える。

4 海老卵、かに卵もあれば適宜3に加え、汁気がなくなるまで加熱する。

バジルと牛肉の甘醤油炒め

材料（2人分）

牛肉…100g　油…大さじ1　かき油…大さじ½　中国甘醤油…大さじ½　バジルの葉…10〜12枚　ナムプラー…適量

作り方

1 牛肉は細切りにし、油をひいたフライパンで強火で炒め、肉に七分どおり火が通ったら、かき油と中国甘醤油を加えてからめる。

2 火を止める直前にバジルの葉を加え、ナムプラーで塩味を調える。

ソースで仕上げるメイン料理

SAUCE

焼酎ドリンクや
ワインが、簡単に
うまいソースとなって
メイン料理を仕上げる

焼酎ドリンクやワインの新感覚
お酒を煮つめた万能ソース

鴨のロースト、オレンジソース……というとさも大変な料理のように思われるかもしれないが、実は缶チューハイが一本あれば、誰にでも簡単にできてしまう。

肉や魚を焼いたあとの鍋底には、うま味を含んだ照り（グラス）がこびりついている。そこにお酒を注いで、鍋底をこそげ取りながら（デグラッセ）かき混ぜて煮つめたものが、フランス料理のソースの基本である。そもそも、肉や魚から出たうま味を一滴残さず取り戻そうとするのが、ソースを作る目的なのだ。

酒はワインでも、日本酒でも、焼酎でもよい。ワインは煮ると酸味が、日本酒は煮ると甘みと苦みが出ることだけを覚えておけば、あとは好みの材料を加えて味を調整するだけだ。ソース作りの基本が理解できれば、たとえば豚肉のしょうが焼きも、フランス料理と同じ手順で作ることができる。

果汁入りの缶チューハイが便利なのは、そのまま鍋に注いで煮つめるだけで、バランスのとれたソースができるからだ。強火で煮立てると焼酎（ホワイトブランデーと考えればよい）のアルコール分は飛んでしまい、糖分がしだいにキャラメル化していき、とろみが出る。煮つめた状態が甘すぎると感じたらレモン汁を少し加えるだけで、誰もが想像しなかったような上質のソースができ上がる。

たった一缶の焼酎ドリンクで、本来必要な面倒な手順が全部省略できるのだ。ソース作りは簡単なもの、と実感するためにも、ぜひ一度お試しいただきたい。

鴨のロースト、オレンジソース

缶チューハイ

材料（2人分）

鴨ロース肉…240g　小玉ねぎ…16個　シイタケ…6枚
サラダ油またはオリーブ油…適量　塩・こしょう…各適量　オレンジ果汁入り缶チューハイ…1缶(250cc)

作り方

1 鴨ロース肉はよく熱した樹脂加工フライパンに皮目を下にしておき、鴨肉から出る脂は適宜捨てながら皮が程よく焦げてパリッとなるまで焼く。

2 まだ赤身が残っているうちに裏返して反対側を少し焼いて取り出し、10分ほどねかせる。火の通りに自信がない場合は、端を少し切り、中心部がまだ赤く、血がじわっとにじみ出る程度ができ上がりの目安。

3 缶チューハイを小鍋に注ぎ、強火で煮つめる。

4 小玉ねぎとシイタケは、それぞれサラダ油またはオリーブ油で焼き、塩・こしょうをする。

5 鴨は薄切りにして軽く塩をふり、小玉ねぎ、シイタケとともに器に輪を描くように盛り、3のオレンジソースを中心に注ぐ。

オレンジソース

オレンジ果汁入りの缶チューハイを小鍋に注ぎ、強火で焦がさないように煮つめ、とろみを出す。甘すぎる場合はワインまたはスープを加えて調節する。

白ワイン

豚肉のポワレ、白ワイントマトソース

材料（2人分）

豚ロース肉…240g　オリーブ油…適量　塩…適量　白ワイン…60cc　トマトピュレ…20cc　生クリーム…20cc　マッシュルーム…6個　ズッキーニ…100g　粗挽き黒こしょう…適量

作り方

1 豚ロース肉は6～7㎜厚さに切り、少量のオリーブ油をひいた鍋で焼き、軽く塩をふってから取り出し、そのまま温かい状態を保っておく。

2 肉を取り出した鍋に白ワインを注ぎ、鍋底をこそげ取りながら煮つめて、トマトピュレ（水煮トマトをつぶして煮つめたものでもよい）を加える。生クリームもいっしょに加えると、ソースは濃厚になるが全体のバランスがよくなり、美味である。

3 つけ合わせのマッシュルームとズッキーニはソテーする。つけ合わせはその時にある適当な野菜でかまわない。

4 器に豚肉と野菜を盛り、ソースをたっぷりかけ、最後に粗挽きの黒こしょうをふる。

豚肉のロースト、りんごソース

材料（2人分）

豚肉…300g　オリーブ油…少量　塩・こしょう…各適量　りんご…½個　りんご果汁入り缶チューハイ…1缶（250cc）　レモン汁…適量

作り方

1 豚肉は厚切りにして、少量のオリーブ油をひいた鍋に入れ、蓋をして弱火でじっくりと火が通るまで焼く。焼き上がってから塩・こしょうをして取り出す。
2 りんごは小さな角切りにし、むいた皮とともに、肉を取り出した鍋で軽く炒める。
3 りんご果汁入りの缶チューハイを煮つめ、レモン汁を加えて味を調整する。
4 器に豚肉とりんごを盛り、3のソースをかける。

缶チューハイ

豚肉のしょうが焼き

日本酒

材料（2人分）

豚肉の薄切り…200g　サラダ油…適量　しょうが…20～30g　日本酒…50cc　醤油…大さじ2　せん切りキャベツ…適量

作り方

1 薄切りの豚肉は、サラダ油をひいた鍋で炒め、取り出す。
2 しょうがはすり下ろし、肉を取り出した鍋に入れて軽く炒め、日本酒を注ぎ、ヘラで鍋底をこそげ取りながら煮立てる。
3 醤油を加えてかき混ぜながら好みの濃さになるまで煮つめる。
4 肉とせん切りキャベツを器に盛り、3のソースを肉の上からたっぷり回しかける。

豚肉のロースト、日本酒ソース、玉ねぎのコンフィ添え

材料（2人分）

日本酒…540cc　豚肉…240g　塩・こしょう…各適量　油…少量　玉ねぎ…1個

作り方

[日本酒ソース]

1 日本酒は一度にたくさん入れず、小鍋の底にひくくらいの量を入れ、強火で熱しながらこびりつかないようにかき混ぜる。

2 茶色く色づき、キャラメル状になるまで煮つめる。

3 煮つまったら酒をたし、人数分のソースの量ができるまで、同じ作業を繰り返す。

[豚肉のロースト]

1 豚肉は厚く切り、たたいて柔らかくし、塩・こしょうをして少量の油で焼く。

2 玉ねぎは4つに切って、油をひいた鍋で日本酒(分量外)をかけながら焦げるまで焼く。

3 器に豚肉と玉ねぎを盛りつけ、日本酒ソースをかける。

※日本酒ソースはそのまま使用しても、料理によって醤油や酢、油などを加えても美味。

日本酒

残った赤ワインを煮つめてソースに

飲みきれないのに開けてしまい、赤ワインが残ってしまうことがある。栓をきっちり締めて冷蔵庫に入れておけば二〜三日は飲めるワインもあるが、どうしても味は落ちる。

そういうときは、早めに煮つめてとっておくのが得策だ。飲んで味が落ちていると感じたら、小鍋にあけて、強火でアルコール分を飛ばしながら四分の一か五分の一程度になるまで煮つめる。ワインの種類によって煮つめたときの味も違うが、あまり気にする必要はないから、飲み残すたびに作りたしてためておくとよい。

ワインの残りやそれを煮つめたものは、さまざまな料理に利用できる。赤ワインのリゾットは夜食にピッタリだし、薄い肉を焼いてもワインソースを添えるとご馳走感が出るが、だからといってもう一本新しいボトルを開けたりしたら本末転倒だ。

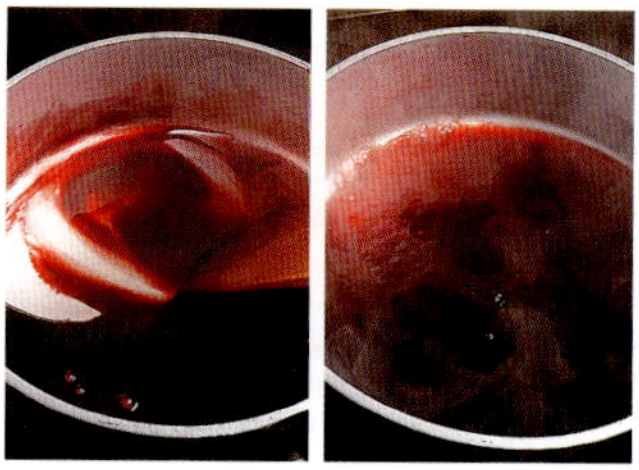

赤ワインソース
飲み残した赤ワインは種類や銘柄に関係なく、小鍋で¼〜⅕量に煮つめてストックしておく。

牛肉のソテー、赤ワインソース

材料（1人分）

赤ワインソース…20cc　バター…10g　牛薄切り肉…100g

作り方

1 赤ワインを煮つめたソースを小鍋に取り、よく熱してからバターをたっぷり加えて、とろりとした濃度になるよう調整する。
2 薄切りの牛肉はバター（分量外）で火が通りすぎないように焼き、器に盛って1のソースをかける。

赤ワインのリゾット

赤ワイン

材料（1人分）

米…50g　オリーブ油…大さじ1　赤ワイン（ワインを煮つめたものを使う場合は、水を加えて普通のワインの濃度にもどす）…100cc　スープ（鶏ガラ顆粒を水で溶いたもの）…100cc　塩…適量　バター…適量　パルミジャーノレジャーノ…適量

作り方

1 米は洗わないまま、オリーブ油をひいた鍋で、米粒の端が白くなりかけるまで炒めてから、飲み残しの赤ワインとスープを1対1の割合で加える。

2 煮立たせながら15分程度煮たら、米を噛んで火の通りを確かめる。水分が足りなければ水を加えて、好みの柔らかさになるまで、さらに数分煮る。

3 味を見て塩を加えるか、さっぱりして物足りないときには仕上げにバターの小さいかたまりをのせて溶かす。

4 パルミジャーノレジャーノを添える。

少ない材料で作るクイックソース

お酒だけでなく、さまざまの材料がソース作りに利用できる。簡単なのは、生クリームを使った白いソース。肉や魚を焼いたあとの鍋に生クリームを注いで混ぜるだけで、濃厚な、いかにもフランス料理らしいソースになるし、マスタードなどと合わせて変化をつけるのも簡単。

ホワイトソースは本来、バターで小麦粉を炒めたところへミルクやスープを加えて作るのだが、最近は重い料理が嫌われて、ソースの世界も軽い作りのものがあれこれ工夫されている。

たとえば、肉の煮汁を煮つめただけのストック・リダクション。料理と同じ肉のだしを煮つめただけのものだ。

あるいは、野菜や果物をつぶしてペースト状にして、オリーブ油や生クリ

調味料を合わせる

ームまたは水でのばす。また、いわゆるフレンチドレッシング（ヴィネグレットソース）も、香草などを加えればメインディッシュのソースになる。

材料を問わず、多少の粘度があるとろりとした液体ならなんでもソースになると考えていい。肝腎なのは、焼いた肉や魚が冷めないうちに手早く作ることだ。

ヴィネグレットソース
ボウルにワインビネガーとオリーブ油を一対三の割合で入れ、空気を含ませるように混ぜ、もったりと乳化したら、塩・こしょう、好みで少量の醤油を加えて味を調える。

ボイルドソーセージ、サルサヴェルデ添え

材料（2人分）

好みの香草（タイム、オレガノ、セージ、ローズマリーなど）…両手一杯　パセリ…適量　ヴィネグレットソース（オリーブ油…大さじ3　ワインビネガー…大さじ1　醤油…適量）　ソーセージ…4本

作り方

1 好みの香草とパセリは、いっしょに細かく刻み、ヴィネグレットソースに合わせる。香草の香りが強すぎると感じた場合は、パセリの量を増やして調節する。

2 ソーセージは熱湯でゆで、熱いうちに器に盛り、1のソースを添える。

仔羊のロースト

煮汁を煮つめる

材料（2人分）

骨つきの仔羊肉…5本　じゃがいものフライ…適量　ローズマリーの小枝…適量

作り方

1骨つきの仔羊肉4本は、少量の油（分量外）で赤身がうっすらと残る状態まで焼く。

2骨つき肉1本はぶつ切りにして別鍋に入れ、適量の水とローズマリーなどのハーブを加えて煮込み、スープをとる（スープをとったあとの肉は醤油とカレー粉または唐辛子粉を多めに加え、濃い味に煮つけるとご飯の副菜になる）。

3 1の肉を焼いた鍋に2のスープを注ぎ、鍋底をこそげ取りながら混ぜ、強火で煮つめてソース状にする。

4器に肉とつけ合わせのじゃがいものフライを盛り、ローズマリーを飾って3のソースをふりかける。

鶏肉のパン粉焼き、マスタードクリームソース

クリームとバターで

材料（2人分）

鶏もも肉…2枚　バター…10g　生クリーム…40cc　フレンチマスタード…20cc　パン粉…適量　ゆでたじゃがいも…3個　ケイパー…適量

作り方

1鶏もも肉は均一に厚さを整えて余分な脂肪を取り除き、皮目を下にしてバターを溶かした鍋で七分どおり火を通し、取り出す。

2鶏肉を取り出した鍋に生クリームとフレンチマスタードを2対1の割合で加えて、鍋底をこそげながらよくかき混ぜる。

3鶏肉の上面にパン粉をふりかけ、上火のグリルでパン粉に焦げ目がつくまで焼く。

4器に鶏肉とゆでたじゃがいもを盛り、ケイパーをちらして、2のソースをたっぷりかける。

煮汁のソース

仔羊のスープストックを強火で煮つめ、途中のアクをすくう。メイン素材が牛肉なら牛のスープを、鶏肉には鶏のスープを使うとよい。

マスタードクリームソース

鶏肉を焼いた鍋に生クリームと粒無しのフレンチマスタードを加えてなめらかなソースを作り、塩・こしょうで調味する。どんな素材にも合うが、鶏肉や魚との相性が抜群。

牛肉の煮込みブラウンソース

小麦粉を炒めて

材料（2人分）

バター…10g　小麦粉…10g　ブイヨン（固形スープの素を溶いたもの）…120cc　牛の薄切り肉…200g　玉ねぎ（薄切り）…½個　マッシュルーム…4〜6個　ライス…適量　パセリ…適量

作り方

1 鍋にバターを溶かし、小麦粉を焦げるまで炒め、ブイヨンを少しずつ加えながら手早くかき混ぜ、塩（分量外）で調味する。

2 牛肉と玉ねぎ、マッシュルームをバター（10g・分量外）で炒め、1を加えて煮込む。

3 器に盛り、ライスとパセリを添える。

白身魚のブロッコリーソース

野菜をつぶす

材料（2人分）

白身魚（タイやすずきなど）の切り身…200〜250g　塩・こしょう…各適量　小麦粉…適量　バターまたはオリーブ油…適量　ブロッコリー…100g　生クリーム…60cc　長ねぎ…1本　赤ピーマン…適量

作り方

1 白身魚の切り身は軽く塩・こしょうをして、表面に小麦粉をまぶし、バターまたはオリーブ油をひいた鍋で焼く。

2 ブロッコリーは房に分けて熱湯でくたくたに塩ゆでしてフードプロセッサーにかけ、別鍋で生クリームを加えながらペースト状にする。

3 長ねぎはぶつ切りにし、焼いて焦げ目をつけて器に盛り、1の魚を重ねておき、周囲に2のソースを流す。赤ピーマンを飾ったのはちょっとした思いつき。

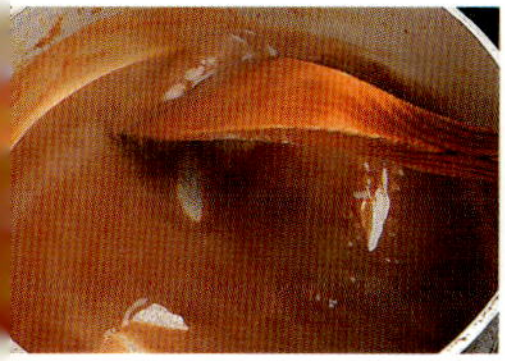

ブラウンソース

バターと小麦粉を炒める。バターを多めに使うとダマになりにくい。小麦粉が白いうちにスープを加えればホワイトソースに、茶色く焦げてからスープを加えればブラウンソースになる。味が薄ければ、塩を加える。

野菜ソース

くたくたに塩ゆでしたブロッコリーは、フードプロセッサーで生クリームを加えながらペースト状に。塩で味を調える。好みでオリーブ油を加えてもよい。

山の冬は湯気もご馳走、鍋三昧

NABÉ

材料から出る濃厚だしで食べる和風鍋

冬は鍋。やうやう熱くなりゆく鍋際すこしあかりて、紫だちたる湯気の細くたなびきたる……。

わが家では、秋の終わりか冬の始まりの、急に寒さを感じたある日、突然、

「今日は鍋だ」

という発言があり、それから、春がくるまでの数か月間、夕食のメニューは連日のように鍋になる。だって、簡単だし、あったまるし、おいしいんだもの。

鍋の種類は無限だが、濃厚な風味を味わいたいときと、あっさりした渋い鍋にしたいときと、そのときの気分でレシピを使い分ける。

あっさり派の代表は、貝鍋。土鍋に湯を張って貝を入れ、殻が開いたら取って食べる、というだけの単純な鍋だが、寒い夜に夫婦で一杯やりつつ、貝殻が開く音に耳をそばだてるのもよいものだ。

あとは、なぜか二〇年ほど前からわが家定番の、自家製きりたん

ぽ。秋田県とはなんの縁もないのだが、秋田で本物を食べて感動して以来毎年かならず何回か作る。自作したきりたんぽは、既製品より圧倒的に美味である。

豚キャ鍋は、友人の家で食べてからわが家の定番になった。肉団子鍋も、安上がりでおいしいからよくやる。いずれも肉からじわりと染み出すうま味が汁や野菜の全体に移ってから食べる。野菜はとにかくたっぷりと。

鍋のフィニッシュは、雑炊か餅かうどんが一般的だが、私たちは葛切りを入れることが多い。

豚キャ鍋

材料（4人分）

豚肩ロース薄切り…500g　キャベツ…1個　ほうれん草…1束　昆布だし…1ℓ　醤油…大さじ3　酒…大さじ3　葛切り…120g

作り方

1 キャベツは柔らかい葉をざく切りにして大量に用意し、ほうれん草は軽くゆでる。

2 昆布だしに醤油と酒を加えて鍋に張り、豚肉とキャベツ、ほうれん草を適宜加えながら食べる。

3 汁はしだいに濃くなるので、酒などを加えて調整する。

4 後半になったら熱湯でもどした葛切りを加える。ダイエットのときはこの葛切りがうどん代わりに(カロリーはあまり変わらないがうどんほどたくさん食べられない)、そうでないときは餅を入れてもおいしい。

肉団子鍋

材料（4人分）

豚挽き肉…500ｇ　長ねぎ…½本　しょうが…1片(30〜40ｇ)　小麦粉…適量　揚げ油(植物油)…適量　豆腐、白菜、春菊、シイタケなどのきのこ類…好みで各適量　青ねぎ、大根おろし…各適量　昆布だし…1ℓ　醤油…大さじ3　酒…大さじ3

作り方

1 豚挽き肉に刻みねぎとしょうがの絞り汁を加え、よく練って肉団子(1個20gで約30個)を作り、表面に小麦粉をはたいて高温の油で外側をカリッと揚げる(中まで火が通らなくてもよい)。カロリーが気になる場合は、粉をつけず熱湯に落として表面を固める。ゆで汁はアクを取ってだしに。

2 昆布だしに醤油と酒を加えた汁で団子や好みの具を煮て食べる。青ねぎをまぶしたり、大根おろしをつけながら食べてもよい。

一度にたくさんの貝を入れるとしばらくして一斉に殻が開き、取るのに忙しくなるので少しずつ入れること。
貝を食べたあと、好みの野菜を入れてふつうの鍋に仕立ててもよいが、貝鍋は吸い物代わりにして、ほかの料理に移るのも悪くない。

貝鍋

材料（4人分）

はまぐり…12〜16個　あさり…1パック　かき…好きなだけ　豆腐…1丁　昆布…適量　ポン酢、辛味噌、XO醤…各適量

作り方

1 はまぐりとあさりは砂を出して、殻をこすって洗っておく。

2 鍋に水を張り、昆布を入れて熱し、沸騰直前に昆布を取り出して(好みで入れたままでもよい)、貝を少しずつ入れる。

3 殻が開いたらすぐに取りポン酢で食べる。

4 かきと豆腐は鍋に加えても、辛味噌やXO醤などの薬味を添えて貝が煮えるのを待つ間に生のまま食べてもよい。

豚キャ鍋も肉団子鍋も、昆布だしに醤油と酒を加えた汁で煮てそのまま食べるのが基本だが、豚肉や肉団子には粉唐辛子や黒こしょうなどの薬味を添えるとよい。

きりたんぽ

材料（4人分）

ご飯…600g　塩水…適量　醤油…大さじ3　酒…大さじ3　みりん…大さじ1　鶏ガラスープ…1ℓ　鶏肉、長ねぎ、マイタケ、ささがきごぼう、せり…各適量

作り方

1 ふつうに炊いたご飯をボウルに取り、すりこ木などで全体の半分くらいがつぶれた状態(半殺し)まで押しつぶし、塩水をつけた手で菜箸のまわりに塗りつけて、たんぽ槍のような形(ちくわ状)に整える。小さなおにぎり形にしてもよい。

2 1を炭火かガスで焦げ目がつくまで焼き、いくつかに切る。長ねぎも焼き目をつける。

3 鶏ガラスープに醤油と酒、みりんで味を調えた濃いめの汁を鍋に張り、小さく切った鶏肉、長ねぎ、マイタケ、ささがきごぼう、せりを煮ながら食べる。きりたんぽは煮くずれしやすいので、各自で入れてくずれないうちに食べる。

きりたんぽの作り方

ご飯は冷めきると成形しにくくなるので、素手でつかめる程度に冷ましてから、すりこ木でつぶす。

手水の塩水をつけながら菜箸に巻く。塩水を使うと水より持ちがよく、きりたんぽ自体の味も引き締まる。

網で焼き、粗熱を取ってから菜箸から外して切る。小さく切りすぎると鍋の中でくずれてしまうので注意する。

河童さんから教わった絶品！

塩と唐辛子でいただくペンロー

鍋はそれぞれの家庭に独自のレシピがあるものだ。

私の鍋のレパートリーにも友人や知人に教わったものがいくつかあるが、なかでもユニークな、それでいてときどき無性に食べたくなるほどおいしい、しかも誰でも簡単にできるのが、舞台美術家の妹尾河童さん直伝のペンローである。

その昔、中国のどこか(忘れた)の貧しい村で、来客をもてなしたいのだがろくな食べ物がない。あるのは村の特産の岩塩だけ。しかたなくわずかな肉の残りでだしをとって白菜とビーフンを煮、せめて塩だけはたっぷり使ってくださいと、唐辛子を添えて差し出した……。

だっけ、かな。教わったのはだいぶ昔のことだから、鍋の謂《いわ》れについてはうろ覚えになってしまったが、レシピははっきり覚えている。

塩は好みの自然塩をたっぷり用意し、各自好きなだけ自分の取り鉢に入れて味つけする。粉唐辛子も同様に。

ペンロー

材料（4人分）

鶏肉…50g　豚肉…50g　白菜…1個　ビーフン…200g　塩…適量　唐辛子(粉末)…適量

作り方

1 鶏肉と豚肉は、小さく切って鍋に入れ、水から煮る。

2 沸騰したらアクを取り、白菜の芯のところを適当な大きさに切って鍋に入れる。

3 白菜の芯が煮えたら葉の部分や熱湯でもどしたビーフンも加える。各自塩と唐辛子で食べる。

鍋に肉を入れてから水を注いで火にかける。

沸騰したらアクを取り白菜を芯から先に。

エスニック鍋

●具

写真の具は、右下から時計回りに、魚のすり身、海老、鶏肉、ベビーコーン、フクロタケ、香菜、レタス、卵、中華麺、ビーフン、豆腐、もやし、ねぎ、シメジ、いか、豚肉、にんじん、ブロッコリー、にらと黄にらの19種類。どんなものでも具になるが、豚肉と海老、いかや魚のすり身団子は欲しいところ。野菜も黄色いにら、もやしなど、ふだん和風の鍋に使わないものを並べるとエスニックな雰囲気が出る。

●汁

鍋の汁は特にスープでなくても、最初から肉と魚介を入れて食べているうちに、いいだしが出るから、たんなる熱湯から始めても充分だ。

●卵とレタス

卵は適宜、直接鍋に割り入れ、固まったらほかの具をからませながら取って食べる。レタスは鍋に入れて色が変わったらすぐ取り出して食べる。

●香菜

香菜(コリアンダーの葉)は欠かせないが、好き嫌いがあるので鍋には入れず、自分の皿に取った具にのせて食べるようにする。

●フィニッシュ

フィニッシュはビーフンか中華麺またはその両方。もちろんお餅を加えたってかまわない。

具・タレ・薬味たくさんで楽しく味わうエスニック鍋

タイの海老醤を醤油で溶いたもの、唐辛子を刻み込んだナムプラー、腐乳を醤油とごま油の中でつぶしたもの、ごまだれに唐辛子ペーストを加えたもの、醤油と酒の中で八角や山椒やにんにくなどを煮て香りをつけた香味醤油……。

ふつうの鍋のときでもついそんな強烈な風味のたれを用意してひと味違った食べ方をするスパイス・フリークの私が、最も得意とするのはやはりエスニック鍋である。

タイをはじめとしてアジアの各地にある鍋の特徴は、日本の鍋と違って高

薬味は酸味と辛みを基本に。右下から時計回りに、刻んだあさつき、大葉のせん切り、ライム、赤唐辛子。

たれは香辛料と調味料との相性を考え、好みで無限に広がる。右から時計回りに、腐乳とごま油と醤油、香味醤油(醤油と酒、砂糖少々を合わせ、八角や花椒などの香辛料を入れて煮きったもの)、醤油で溶いた海老醤、ごまだれにXO醤などの唐辛子ペーストを合わせたもの。

温で汁を絶えず沸騰させながら食べること。汁には味をつけず、何種類も用意したたれを使い分けて楽しむこと。タイスキのように、たくさんの具をずらりと小皿に並べて目で楽しむのも面白い。

沸騰させるので、鍋は土鍋よりも金属製がよい。私は昔中国で買ってきた真ん中の筒に炭火を入れる火鍋子《ホオクオズ》を持っているが、別にどんな鍋でもかまわない。その気になれば、中華鍋をそのまま卓上ガスこんろにかけたって、立派に鍋料理はできるのだ。

具は、なるべく数多く取りそろえる。といっても、肉も魚介も野菜も一皿に一種類ずつのせるのだから、にんじんで一皿、もやしで一皿……冷蔵庫の在庫一掃にも役立つ。ブロッコリーまで鍋に？　そう、意外なものが鍋の具に使えることが発見できるのも、エスニック鍋の面白いところだ。

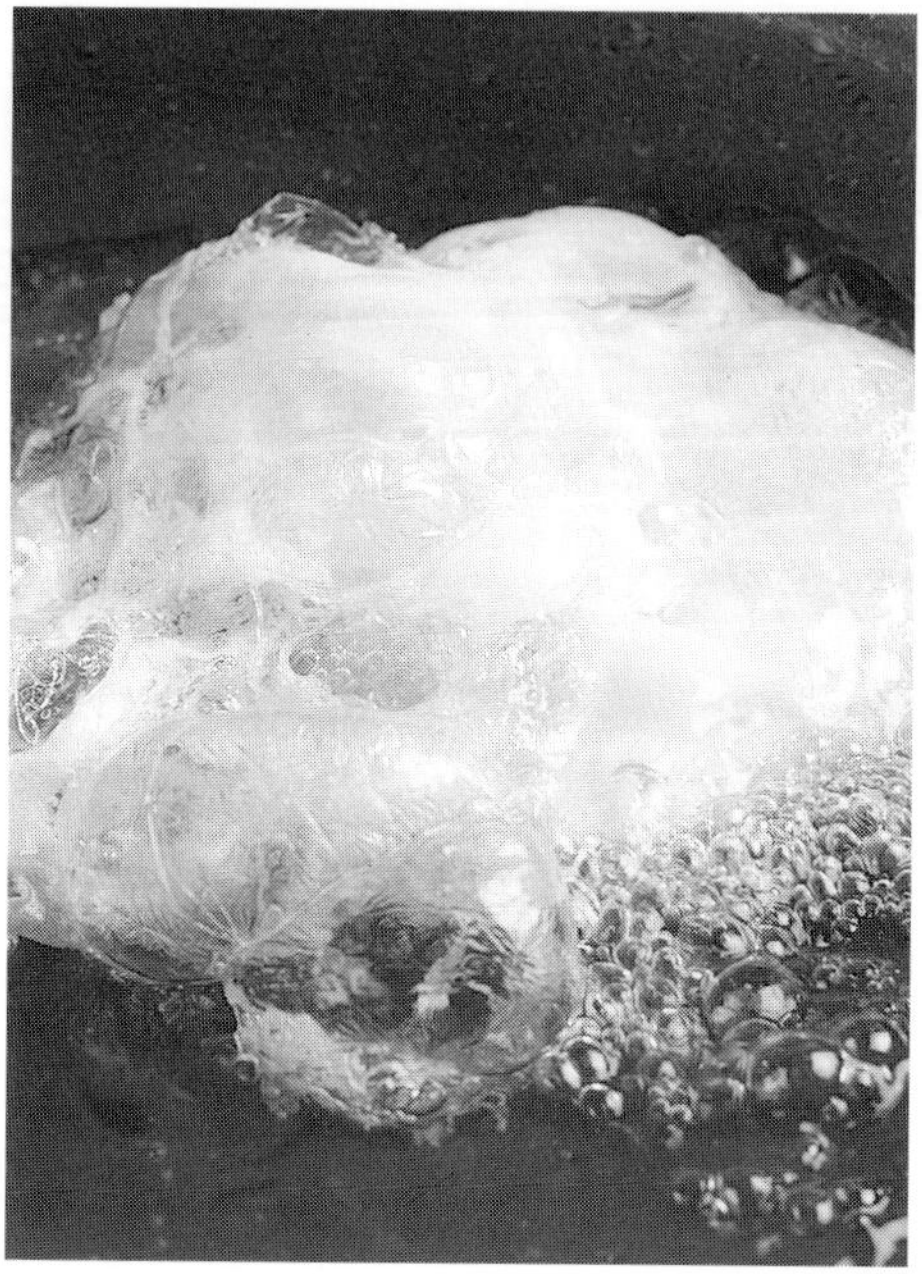

3

玉村さんの腕のみせどころ

揚げ卵ライス
野菜チップス
目玉冷飯
かれいのよく揚げタイ風辛みあんかけ
舌びらめのムニエル
水晶海老の海老ソース、カリカリ海老ふりかけ
ミラノ風豚カツ
キエフ風チキンカツ
不思議デザート「甘露炒麦」
フライドチキンのオリーブ煮
ポトフー
コールドビーフサンドイッチ
ミネストローネ
ボイルドビーフのマセドワーヌソース
中華風卵と豚肉と長ねぎのおでん
黒豚の炭焼きグリル
低温焼きステーキ
焦がし焼きステーキ
鶏肉のほぼ片面焼き
スモークサーモンの片面焼き
直火焼きトースト
有頭海老の上面焼き
じゃがいものグラタン
（グラタン・ドーフィノワ）
豚肉となすとしいたけの中華風味炒め
キャベ玉
いかときゅうりの塩炒め
いかのまるごと炒め
もやしとさやいんげんの瞬間炒め
オリジナル麻婆豆腐
鶏とグリンピースの塩炒め
鶏とキャベツのサラダ
あさりの韓国風
蒸し魚のアサリクリームソース
中華風魚の清蒸し
イタリア風魚の蒸しもの

油の力を見直す揚げもの料理

FRITURE

卵、野菜も工夫ありの揚げもの

揚げ卵ライス

材料（2人分）

卵…2個　揚げ油…適量　アジア炒め(鶏肉…60g　干し海老…小3〜4尾　にんにく…少量　タイ風海老醤…大さじ1　日本酒…大さじ1）　香菜…適量　唐辛子入りナムプラー…適量　ご飯…1人あたり150g

作り方

1 ボウルに卵を割り入れ、煙が出るくらいに高温に熱した油の中に静かに落とし、網杓子で形を整えながら両面がきつね色になるまで揚げる。

2 鶏肉と干し海老、にんにくは、細かく刻んでタイ風の海老醤を加えながら炒めて「アジア炒め(95ページ参照)」を作る。

3 器に盛ったご飯に1の揚げ卵と2の鶏肉のアジア炒め、香菜を添え、唐辛子入りナムプラー(89ページ参照)をふる。

丸底の小鍋にたっぷりの油を入れ、高温に熱した中に卵を落とす。油が少なかったり、温度が低いと、卵が鍋の底についてしまい、失敗のもと。

卵を入れた直後は油跳ねに注意。網杓子を使って形を整えながら裏返す。きつね色になり、卵から出る気泡が少なくなったら引き上げどき。

野菜チップス

じゃがいもやにんじんなど、適当な野菜を薄くスライスし、水気をきってから中温で素揚げする。しんなりしていたのがパリッとなればでき上がり。余熱でちょうどよい色がつく。

目玉冷飯
目玉焼きを作り、冷や飯にのせて、ほんの少し醤油をたらして食べる。それだけの話で……レシピというにはあまりにも簡単。

いつもの素材で新感覚の揚げものに

カロリーを取りすぎてはいけない、と思うとつい揚げものは控えたくなるのが人情だが、見慣れた素材がただ揚げるだけでまったく新しい魅力を示す意外な発見に出会うと、油の力というものはつくづく偉大だと感心する。

卵を割って、そのまま高温に熱した油の中に落とす。初めて「揚げ卵」の調理現場をタイで目撃したときはびっくりしたが、褐色に揚がった白身のシュワシュワした食感は「これが卵?!」と自問しながら思わず微笑む美味である。ちょっと勇気はいるが、ぜひ試していただきたい。大きめの鍋の蓋など、跳ねる油滴から身を守る道具を用意して(キッチン周囲にも新聞紙を敷くなどの配慮を)。

英語では揚げるのも炒めるのも同じフライという言葉であらわすから、目玉焼きもフライドエッグ。だが揚げ卵とは別物だ。炒め(浅揚げ=シャローフライ)と揚げ(深揚げ=ディープフライ)では、素材におよぼす効果がまったく違うことをこの揚げ卵は教えてくれる。

その目玉焼きも、樹脂加工のフライパンを使って油ナシで焼くのと、「フライ」する気分でたっぷり油を使って揚げるように焼くのとではまた味が違う。私は白身の縁がカリッと焦げ、黄身はまだほとんどレアの状態の目玉焼きを、ご飯にのせて食べるのが大好物である。それも、炊きたての熱いご飯より、炊いて半日くらいたった冷や飯にこれをのせて、ちょっぴり醤油をたらし、全体を箸で突き崩しながら食べる「目玉冷飯」のおいしさときたら……。

かれいのよく揚げ
タイ風辛みあんかけ

舌びらめの
ムニエル

揚げものの時間と温度を使い分ける

舌びらめのムニエル

香りよく揚げる

材料（2人分）

舌びらめ…2尾　塩…適量　小麦粉…適量　バター…100g　刻みパセリ…適量　レモン…適量　ゆでたじゃがいも…適量

作り方

1 舌びらめはうろこを取り、頭部と内臓と尾を切って形を整え、両面に軽く塩をふり、小麦粉をまぶす。

2 フライパンにバターをたっぷり入れて熱し、舌びらめを入れて、中弱火でときどき溶けたバターをかけながらこんがりと焼き色がつくまで焼く。裏返すのは一度だけ。

3 器に盛って刻みパセリをちらし、フライパンに残ったバターを焦がしたものをかけ、レモンのスライスをのせる。つけ合わせにゆでたじゃがいもを添える。

溶けたバターを回しかけ、炒めるように揚げる。バターを焦がさないように熱して香りを魚に移し、逆に残ったバターは強火で煙が出るまで黒く焦がして香ばしさを出す。

かれいのよく揚げタイ風辛みあんかけ

長時間揚げる

材料（2〜3人分）

かれい…1尾　小麦粉…適量　揚げ油…魚の厚みをほぼ覆う程度の量があればよい　あんかけ用ソース（ナムプラー…大さじ2　砂糖…小さじ2　水溶き片栗粉…適量）　青ねぎ…適量　唐辛子…適量

作り方

1 かれいはうろこと内臓を取り、両面に小麦粉を少なめにつけておく。

2 中温の油にかれいを入れ、周囲からほとんど泡が出なくなるまで、長時間揚げ続ける。

3 ナムプラーを同量の水で薄めて鍋に入れ、砂糖で好みの甘さをつけて熱しながら、水溶き片栗粉を加えてとろみをつけ、あんかけ用のソースを作る。

4 器に盛ったかれいに青ねぎと唐辛子をちらし、あんをかける。

表面が焦げかけるほど、中温でしっかり揚げる。芯まで火が通り骨まで食べられる。

時間と温度の違いによる効果を楽しむメインディッシュ

浅揚げ、深揚げのほか、長時間揚げ、低温揚げなど、揚げものの効果は時間と温度によって微妙に違ってくる。

たまたまタイの人が魚を揚げるようすを間近で観察する機会があったのだが、もうそろそろ引き上げなくては、というタイミングを過ぎても何もしない。ほとんど気泡も出なくなり、ヒレは真っ黒に焦げているのにまだまだ、といって揚げつづける。いくら暑い国だから中までよく火が通るようにといっても、これはどう見ても失敗だ……と思っていたが、大間違い。長時間揚げた魚はふつうのから揚げとはまた別の美味に変身しており、骨まで食べられて実に香ばしかった。

冷たい鍋に油を入れて、火をつける前に海老を放り込んだら料理を知らない人間と思われるだろう。だが、そのまま少しずつ上がる油の温度にまかせて、海老がほんのり色づいて丸まってきたミディアムレアの状態で引き上げると、半透明の美しい仕上がりになる。

海老の切れ端は、細かく刻んで高温の油で揚げておこう。こうして使い残りの肉や魚から作る揚げ玉のようなカリカリのふりかけは天カスと違ってそれぞれに風味が異なり、保存しておくと使い道が広い。

フライパンで炒めるように揚げるムニエルや豚カツ、切るとバターが溶け出すキエフ風……揚げものの世界はヴァラエティに富んでいる。

低温で
揚げる

水晶海老の海老ソース、カリカリ海老ふりかけ

材料（2人分）

海老（ブラックタイガーなどの中型）…12尾　揚げ油…適量　酒…200cc　水…600cc　塩…適量

作り方

❶海老はふりかけ用に2尾を残し、殻をむき、頭と背わたを取ってから、余分なヒゲや脚を切り取って形を整え、ごく低温の油（冷たい油に入れてから火をつけてもよい）でほんのりと色づく程度に火を通し、器に盛る。

❷残しておいた海老と❶で切り取ったヒゲや脚を合わせてみじん切りにし、高温の油で揚げてカリカリのふりかけにする。

❸鍋に海老の殻と頭を強火でからいりし、水と酒を加えて10分ほど煮て、殻と頭を取り出したあと、さらに煮つめて100ccほどのソースを作る。

❹器の海老に❸の海老ソースをかけ、上から❷の海老のふりかけをかける。塩味が足りないようなら軽く塩をふる。

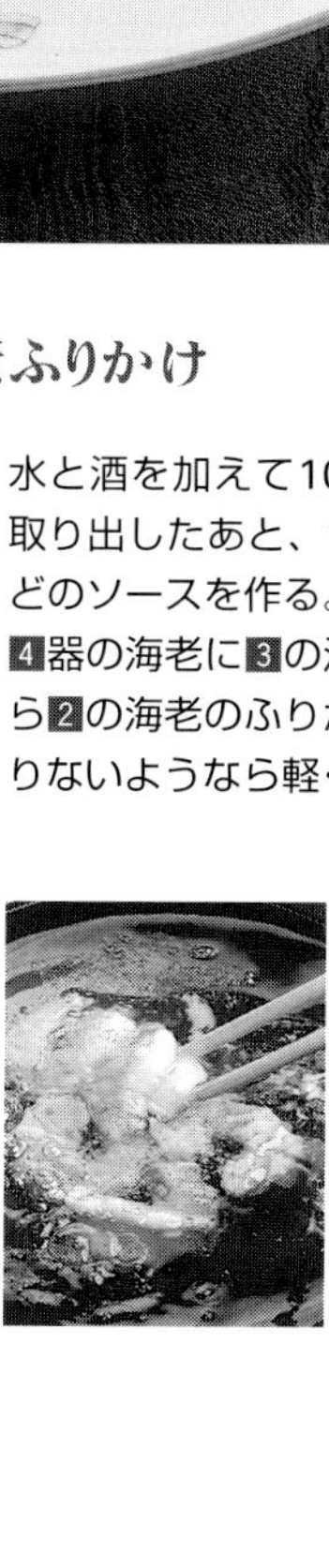

フレッシュな食感と素材の色味を引き出す低温揚げ。ごくごく低温で、油をからめるように揚げる。

浅く
揚げる

ミラノ風豚カツ

材料（1人分）

豚肉…1枚（100～120g）　塩・こしょう…各適量　小麦粉、卵、パン粉…各適量　好みで粉チーズ…適量　植物油…適量　レモン、パセリ…各適量

作り方

1 豚肉は重い棒などでよくたたいて大きくのばし（100～120gの肉が手のひらほどの大きさになるように）、両面に軽く塩・こしょうをする。

2 豚肉に小麦粉、溶き卵、パン粉を順につけたあと、さらにもう一度全体に卵をからめてパン粉をつけ、衣を二重にする。このときパン粉に粉チーズを混ぜてもよい。

3 フライパンに植物油を熱して豚肉を入れ、お玉杓子でときどき油をかけながら、中火で焼くように揚げる。

4 器に盛り、切ったレモンとパセリを添える。

少なめの油で揚げるときはお玉で鍋の油をふりかけながら、焼くように揚げると食感が生きる。

キエフ風チキンカツ

材料（1人分）

鶏ささ身…1本　塩・こしょう…各適量　バター…10g　小麦粉、卵、パン粉…各適量　植物油…適量　薄切りトースト、にんじん、グリンピース…各適量

作り方

1 鶏ささ身は筋を取り、棒などでたたいて全体を薄く広くのばし、軽く塩・こしょうをする。

2 親指の先ほどのバターは冷凍庫で凍らせ、1の肉の中央におき、四方から包むように巻く。

3 2の肉に小麦粉、溶き卵、パン粉の順で衣をつけたあと、もう一度全体に卵をからめてパン粉をつけ、揚げる直前まで冷蔵または冷凍しておく。

4 ぬるめの植物油でじっくりと揚げ、薄切りトーストの上にのせ、にんじんとグリンピースを添える。

肉や衣が破れて
バターが流れないよう
低～中温の油で
じっくりと
気長に揚げる。

揚げものの密かな楽しみ

残ったフライドチキンに もうひと手間かけて

不思議デザート「甘露炒麦」

材料（1人分）

植物油…大さじ3　パン粉…片手一杯　砂糖…好きなだけ　乾燥あんず…2個

作り方

1. 中華鍋に好みの植物油をたっぷり入れて熱し、パン粉を焦げ色がつくまでよく炒める。途中、水分が足りなければ水を加える。
2. 味を見ながら砂糖を加え、ややきつめに甘みをつける。
3. 天に乾燥あんずを飾ってデザートらしく盛りつける。

冷めた揚げものもなかなかおいしいものだが、ひと手間加えると残りものの印象が消える。友人と白ワインを飲みながら何か食べようと思い、グラス片手に台所に行ったら、たまたま前の晩に食べた鶏のから揚げが残っていたので、瓶詰めのオリーブといっしょに鍋に放り込みグラスの白ワインをふりかけて軽く温めた。友人は、わざわざ「鶏のオリーブ煮」を作ってくれたのかとおおよろこび。

揚げものをすると、必ず中途半端にパン粉が残るだろう。もとの袋に戻すのも……というときは、デザートの材料にするのも面白い。これは中国の田舎で食べたことがあるのだが、おいしいけれども黙っていたら何からできているのか誰にもわからない不思議な一品。残りのパン粉で作ったことは伏せておき、適当な名前を発明してごまかそう。

残りものを利用して、まるで特別料理を作ったように見せかける……これこそ家庭で厨房を預かる者の、密やかで大いなる楽しみである。

フライドチキンのオリーブ煮

材料

フライドチキン…適量　グリーンオリーブの塩漬け…適量　白ワイン…適量　塩…適量

作り方

1 残ったフライドチキンは骨ごと2cm程度のぶつ切りにする。

2 グリーンオリーブは種を抜き、1のフライドチキンといっしょに鍋に入れて火にかけ、白ワインをふりかけて蓋をし、強火で蒸し煮にする。

3 塩加減が足りなければ塩をふって味を調える。

ポトフーから広がる煮込み料理

POTÉE

ポトフー

材料（4人分）

牛肉（ももまたは肩肉）…1kg　じゃがいも…4個　にんじん…3〜4本　セロリ…1株　塩・こしょう…各適量　好みのハーブやスパイス…適量

作り方

1. 牛肉はあまり脂肪の多くない部位がよい。塊のまま煮くずれしないようにタコ糸で縛って整形する。
2. じゃがいもは皮をむいてそのまま、にんじんは太いものは2つに切って皮をむき、セロリは筋を取って大きく切る。
3. 水を張った大きな鍋に❶の牛肉を入れて強火にかけ、沸騰したらアクを取り、セロリの葉を香りづけに入れ、弱火にしてじっくり煮る。
4. 部位にもよるが20分ほどして肉がある程度柔らかくなったら、セロリの茎、にんじん、じゃがいもを加える。くずれやすい品種のじゃがいもの場合は、少しあとから加えるとよい。
5. 野菜に均等に火が通ればでき上がり。いったん冷まして、食べる直前に小鍋に取り分けて温めるとよい。味つけはこのときに、塩・こしょう、好みのハーブやスパイスなどで。

肉と野菜のゆで汁を有効に活用

火に鍋がかかっていて、いつも何かがふつふつと煮えているのは心温まる情景である。わが家でも、冬のあいだはたいがい、肉を少しと野菜をたくさん、大鍋でトロトロ煮ている。

フランス料理でいう「ポトフー」とはまさしく「火にかけた鍋」という意味で、牛肉の塊をそのまま水から煮て、そこへ丸ごとの野菜を放り込んだもののことだ。

フランス人はまずスープだけを飲み、それから肉に野菜（と、塩）を添えてメインディッシュにするのがならわしだが、別にそんな流儀にこだわる義理はない。私はいっしょに煮た野菜を細切りにしてスープにぶち込んでミネストローネ（イタリア風野菜スープ）と称してみたり、野菜の細切りだけを肉のつけ合わせにしたり、ソースにしたり、自由な発想で利用している。マセドワーヌというのは、何種類もの野菜のダイス（角切り）を混ぜたミックスベジタブルのことである。

味をつけずに肉と野菜を水煮しておくと、何かと重宝する。スープは小鍋に取り分けてから中華風にしたければしょうがや長ねぎ、干し海老、八角などに酒や醤油を、南欧風にしたければ好みのハーブやスパイスを加えればよい。肉は冷めてもそのまま醤油と辛子だけで食べてもおいしいし、薄切りにしてトーストサンドにすればちょっとしたご馳走だ。

火にかけた鍋から、手をかけずにいくつもの料理ができるのがミソである。

コールドビーフサンドイッチ

薄く切った食パンをこんがりと焼き、マスタードをやや多めに塗る。肉の脂肪があるのでバターは使わない。冷めたボイルドビーフ(ポトフーの中の牛肉)を薄く切り、パンのサイズに合わせてのせ、小さく重ね盛りしてピクルスを添える。

ボイルドビーフの
マセドワーヌソース

ミネストローネ

ボイルドビーフの
マセドワーヌ ソース

材料（1人分）

ポトフーの牛肉…150g　オリーブ油…大さじ1　醤油…小さじ1　粉唐辛子…適量
ミネストローネの野菜…適量

作り方

1 ポトフーの牛肉を食べやすい大きさに切って器に盛る。

2 肉にオリーブ油と醤油を混ぜたものをかけて、粉唐辛子を添えて供するのがわが家の定番だ。ミネストローネのスープの中から野菜だけを（分けるのが面倒ならパスタもいっしょに）すくい取って少量のオリーブ油と混ぜ、ソースの代わりに肉の上からかけるのもよい。

ミネストローネ

材料（1人分）

ポトフーのセロリ、にんじん、じゃがいも…各適量　グリンピース…にんじんと同量
小粒のパスタ…ひとつまみ　塩・こしょう…各適量

作り方

1 ポトフーのセロリとにんじん、じゃがいもは、それぞれ7〜8㎜角のダイスに切り、グリンピースと小粒のパスタは熱湯で軽くゆでる。

2 ポトフーのスープの味を見て、好みでほかのスープ(の素)を加えるなどして味を調え、1の野菜とパスタを加える。

3 再び味を見て塩・こしょうする。

※ポトフーの野菜ではなく、生の野菜を使う場合は、先に加えて煮、あとから火の通ったグリンピースとパスタを加える。

濃い味にしっかり煮込んだおいしさ

豚肉の中華風おでん

豚肉は大きめの塊を使うと柔らかく、煮汁を保った状態で煮上がる。煮汁は鍋に入れた肉が半分浸る程度まで注ぎ、長ねぎは青い部分を多く使う。

　肉や野菜を水から煮るとおいしいスープがとれる。ということは、肉や野菜を醤油や酒で煮て味を含ませれば、煮汁においしい味が出ると同時に、いったん肉や野菜から出たうま味そのものが再び肉や野菜に還元される、ということになるだろう。

　などと、難しいことをいわなくても、これはいくらでもご飯が食べられる料理である。しかも、作るのがきわめて簡単。「台湾おでん」というのが作家の檀一雄氏のもともとの命名だが、おでんと聞いて想像するよりずっと濃厚でうま味が強い。

　肉を醤油で煮るのは東南アジアにもある料理法で、たとえば鶏や豚を醤油と酢で煮ればフィリピンのアドボという料理になる。中華風おでんでもアドボでも、味を少しマイルドにしたければ途中で水を加えながら煮ればよく、好みでいくらでも調節がきく。ともに覚えておいてよい料理だ。

中華風卵と豚肉と長ねぎのおでん

材料（4〜6人分）

豚肉…600g　ねぎ…3〜6本　醤油…300cc　日本酒または紹興酒…300cc　好みで実山椒…適量　卵…6個

作り方

1 深い鍋に大きく切り分けた豚肉の塊と、全体を2つに切るか折るかした長ねぎ、好みで実山椒を加え、醤油と日本酒（または紹興酒）を半々の割合で加え、強火にかける。

2 沸騰したらアクを取り、それ以降は中弱火で蓋をして煮込む。鍋の中はあまりいじらないほうがよい。

3 20分程度煮たら、別にゆでた卵は殻をむいて加え、さらに10分煮る。冷めてから煮かえすとさらに美味。

煮汁が全体に動き、かぶる程度に水で加減する。肉の中まで味がしみ込むよう、こまめにかき混ぜるのは避けたほうがよい。

自慢できるロースト&グリル

RÔTI & GRILLÉ

黒豚の炭焼きグリル

作り方

1 炭火をおこし、炎がおさまったら全体を平らにならし、その上に焼き網をのせ、よく熱する。

2 黒豚の肩ロース肉を厚切りにし、軽く塩・こしょうをふって焼き網にのせ、両面を焼く。

3 焼き上がったら10分ほど休ませ、同じく丸ごと炭火で焼いた長ねぎを添える。塩・こしょうが足りなければ好みで。

低温焼きと焦がし焼き、食感の違いを楽しむ

煮ものやソースは誰にでもできるが、焼きものだけは天性が必要だ、と昔からいわれるように、中にどの程度火が通っているのか、見当をつけるのはたしかに難しい。私は、ひたすら焼かれるものの身になって、加わっている熱さを感じながら、目を瞑って焼け具合を想像することに集中するようにしているのだが、それでもときどき失敗することがある。

肉は、強い火に当てれば表面が焼け焦げてかたくなる。弱い火なら表面の細胞は傷めないが、弱すぎると中から肉汁が染み出してくる。最初は強火で表面を焼き固め、次に弱火にして中を焼く、とよくいわれるが、最近は、肉にストレスを与えないよう最初から弱い火でゆっくり焼くほうがよい、と主張する料理人も多く、意図と目的に応じてさまざまな焼き方が試みられるようになってきた。

焼きもののポイントは、必要なだけ火は通すが、決して焼きすぎて肉をかたくしないこと、という一点に絞られる。塩をいつふるか、

も問題で、ふつうは焼く寸前にふる人が多いが、塩は肉汁を出して肉をかたくするから、弱火で焼く場合は焼けたあとにふるほうがよいだろう。

直火で表面が黒焦げになるまで焼き（焦げがガンの原因になるというのは俗説です）、中がまだレアのうちに火から外せば、外側のカリッとした感触と中の赤い肉の柔らかさが両方楽しめるし、じっくり低温で焼き通した肉は、閉じ込められたうま味と優しい舌触りが魅力。ぜひ、比較していただきたい。

それにしても、うまく焼けた肉って、本当においしいですよね。

低温焼きステーキ
焦がし焼きステーキ

焦がし焼きステーキ

作り方

1 厚く切った牛肉に塩をふってから、炭または薪の炎に近いところにかざして表面が黒焦げになるまで焼く。

2 肉の表面が黒くかたくなったら火から外して、10分ほど休ませる。

3 切り分けて器に盛り、塩、こしょう、マスタードなどで食べる(好みで醤油をふりかけても)。

炎の中に肉を置くようにし、手早く黒く焦がす。焼き上がりは中の肉汁を落ち着かせるため、10分ほど休ませてから切る。

低温焼きステーキ

作り方

1 牛肉は3cm厚さに切り、まだ充分に熱していない樹脂加工のフライパンにのせて、低温のまま加熱する。

2 表4分、裏3分を目安に、側面の色の変化を見ながら、中心がわずかに温もる程度に焼く。

3 塩とこしょうは器に盛ってからふりかける。

肉汁が出ず、肉の余分な脂を落としながら焼くことができるため、ヘルシー。かたい肉をうまく食べる焼き方として重宝する。

素材に合った焼き方をマスターする

トーストは、石綿つきの網をガスの火にかけて焼く。オーブンレンジやトースターで焼くと乾燥してしまうが、直火で焼くと中の水分が保たれるため、ふっくらと仕上がっておいしい。

鶏肉は、皮目を下にして、徹底的に脂を出しながら焼く。皮がパリパリになる頃には全体の七、八割に火が通っているはずだから、あとは反対側をごく短時間焼けばよい。ただし、蓋をすると水分が溜まってせっかくの皮がしんなりしてしまうから要注意。

生でも食べられるような魚の場合は、皮のついたほうを片面だけ焼けばよい。フライパンの上の切り身（の断面）を観察していればどこまで火が通ったかは一目瞭然だから、よさそうなところで火を止める。

逆に、海老は開いたおなかを上にしてオーブンの上火で焼いてみよう。出た汁は殻の中に溜まるからうま味が逃げる心配はない。

グラタンというのも上火焼きの一種。フランスでは社会の上層に位置する一部の特権階級のことを「グラタン」と呼ぶことがあるくらいで、たしかにこんがりと焼けた最上層は「おいしい」存在だ。

素材に合わせておいしい焼き方が選べるようになれば、台所仕事はまた一段と楽しくなる。

樹脂加工のフライパンで

火が均一に当たるよう、フライパンの底面に鶏肉を大きく広げて焼く。もも肉は脂身が多く、鶏自体から出てくる脂で焼くことができる。余分な脂は途中で捨てるとヘルシーに。

鶏肉のほぼ片面焼き

材料（1人分）

鶏もも肉…1枚　焼きシイタケ（67ページ参照）…2枚
醤油…小さじ2　日本酒…大さじ2

作り方

1 鶏もも肉は余分な脂肪を取り除き、皮目を下にしてよく熱した樹脂加工のフライパンにおく。油は不要。
2 中火で脂を捨てながら皮がパリッとなるまで焼き、最後に反対側をさっと焼く。
3 焼きシイタケを添え、醤油と日本酒を煮きってかける。

スモークサーモンの片面焼き

材料（1人分）

甘塩のスモークサーモン…1切れ　ゆでじゃがいも…1個　レモンの輪切り…1切れ　パセリ…適量

作り方

1 皮ごと厚く切ったスモークサーモンは、皮目を下にして、よく熱した樹脂加工のフライパンで、弱めの中火で焼く。油は不要。

2 皮が焦げ、皮から数ミリの部分まで白くなったらでき上がり。上部は冷たいままでよい。

3 ゆでじゃがいもとレモンの輪切り、パセリを添える。

身の水分を適度に保つよう、蓋を外した状態でじっくりと火を通す。焼き加減は断面を見ながら調節する。油を使う場合は、フライパンに刷毛で薄く塗るとよい。

オーブンで焼く

有頭海老の上面焼き

材料（2〜3人分）

有頭海老…1人あたり数尾　酒、醤油…各適量

作り方

1 有頭海老は腹から縦半分に切り開き、余分なヒゲと脚を切って、上火のきくオーブンまたはグリルの網に腹を上にしておき、上面からできるだけ強火で焼く。

2 七分どおり火が通ったところで酒と醤油を半々に混ぜたものを刷毛で塗り、最後にひと焼きする。

食感を損なわないよう強火で表面を固めるようにさっと上焼きする。ただし、焦がすと海老の芳香が弱まるので注意。

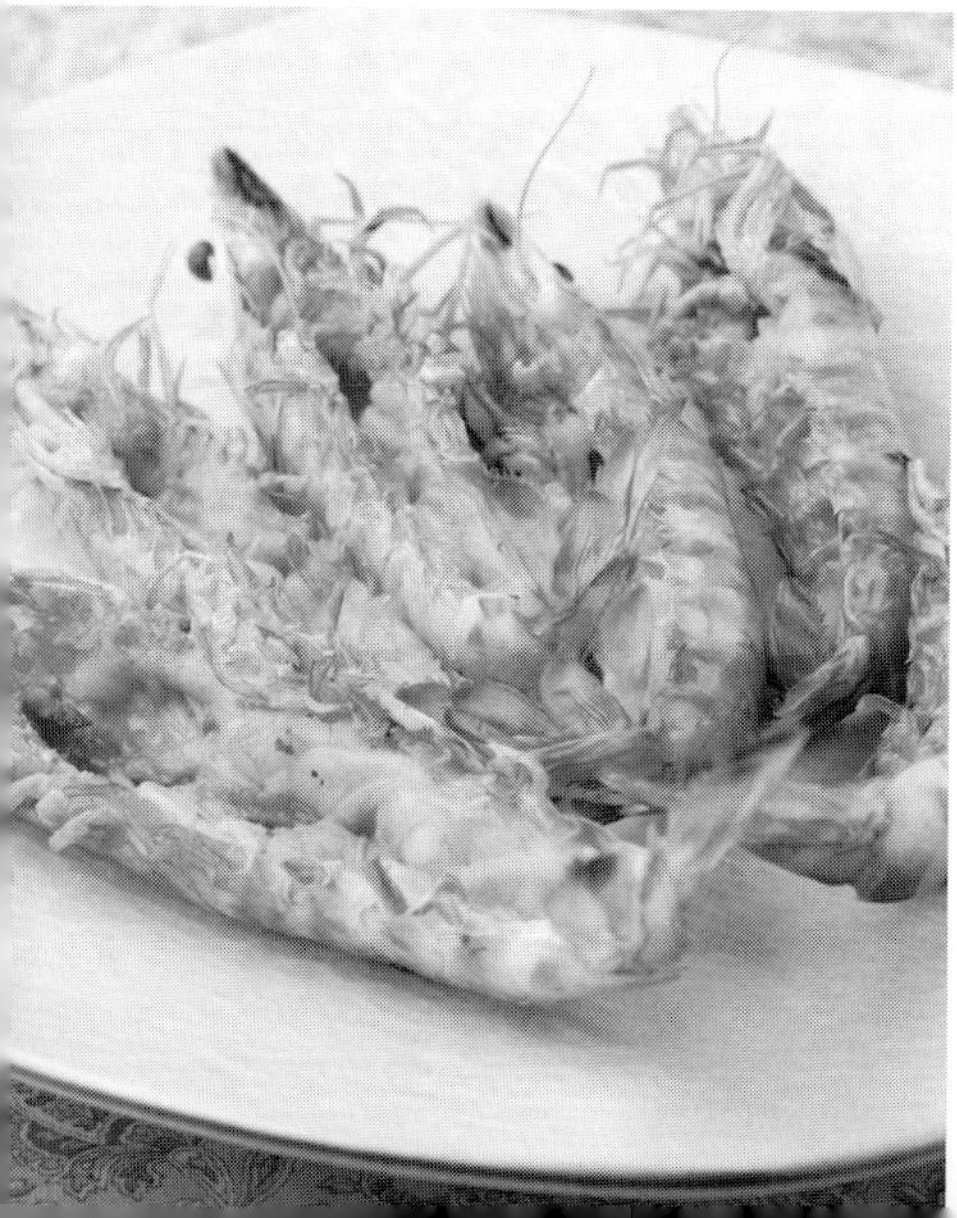

焼き網で焼く

直火焼きトースト

作り方

スライスした食パンを、あらかじめよく熱した石綿つきの焼き網にのせて焼く。それだけの話でレシピに書くまでもないのだが、絶えず位置を変えながら細心の注意でまんべんなくこんがりと焼くことができれば、それは最高においしいトーストになるはずである。

弱火を保ち、こまめにパンを動かして好みの焦げ具合をつける。石綿つきの網がなければ、柄つきの魚焼き用網でも代用可能。

じゃがいものグラタン(グラタン・ドーフィノワ)

素材を重ねて層を作った厚みのあるグラタンは、最初は中火でじっくりと中に火を通し、仕上げに表面をしっかり焦がす。

材料(6〜8人分)

じゃがいも…1kg　にんにく…1片　バター…適量　塩・こしょう…各適量　好みでナツメグ…適量　生クリーム…250cc

作り方

1 じゃがいもは3㎜厚さに切り、水気をぬぐっておく。

2 器の内側ににんにくをすり込み、バターをたっぷり塗ってじゃがいもを各層ごとに塩・こしょう、好みでナツメグをふりながら敷きつめる。

3 生クリームを全体に注ぎ(生クリームが足りない場合は牛乳で量を補う)、180〜200度のオーブンで1時間〜1時間半ほど焼き、最後に上火で色をつける。

炒めものをもっとおいしく！

SAUTER

豚肉となすとしいたけの中華風味炒め

材料（2人分）

豚肉…100g　シイタケ…4枚　なす…4個　油…適量　日本酒または紹興酒…100cc　鶏ガラスープの顆粒…ひとつまみ　中国甘醤油(なければ醤油とみりん)…適量　かき油…適量　塩…適量

作り方

1 豚肉は大きめの不均等切りに、シイタケとなすは乱切りにし、別々に油通し(カロリーが気になる人は湯通し)する。

2 鍋に油をひき(油通しした場合はほとんど不要)、豚肉とシイタケ、なすを一気に入れて強火で手早く炒める。

3 日本酒(または紹興酒)と鶏ガラスープの顆粒、中国甘醤油、かき油を好みの割合で加えて、汁気がなくなるまで炒め、味を見て塩をふる。

食感を生かすために不均等な厚さに切る

厚みに変化をつけることで火の通り、食感に変化をつける肉の不均等切り。歯ごたえに違いが出て、複雑な仕上がりになる。特に豚肉のブロックなどが向いている。

シイタケなど厚みのある野菜は厚みに変化をつけた大きめの乱切りに。肉同様、シイタケ、なす、にんじんなどの野菜でも切り方ひとつで、食感にアクセントが出る。

油通しで火の通り加減を均一に

数種の素材を一度に炒める炒めものは、素材ごとの下ごしらえがポイント。肉厚で油をよく吸うなすは、油通しか湯通しをしておくとほかの素材と火の通り時間を均一にすることができる。

切り方と炒め方で肉と野菜の歯ごたえを楽しむ

私はフランス料理もイタリア料理もタイ料理も作るが、結局毎日の食事でいちばん頻繁に作るのは炒めものだ。冷蔵庫の中にある材料とあたりに転がっている野菜を適当に組み合わせて炒める、和風

キャベ玉

材料（1人分）

キャベツ…2〜3枚　塩…適量
卵…2個　油…大さじ4〜5　かき油…適量

作り方

1. キャベツの葉は大きく切り、中華鍋で塩をふりながらしんなりするまで油大さじ1で炒めて、取り出す。
2. 鍋に多すぎると思われるほどの油を入れて煙が出るくらいまで熱し、溶いた卵を一気に入れ、卵の縁がふわふわとふくれ上がってきたら(中心はまだ生の液体状)、【1】のキャベツを加える。
3. 全体を1回かき回してから火を止め、器に盛ってからかき油を回しかける。

のような中華のような……毎日のお惣菜。だからこそ、よりおいしく食べたいものだとあれこれ工夫をする。

何種類もの材料を使う炒めものでは、どの素材にも均等に火が通るように、あらかじめ各材料を別々に軽く揚げる（油通し）かゆでる（湯通し）かして、合わせて炒めるときのスタート時点をいっしょにしておいてやる。そうすれば、中華鍋をひとふりするだけで、すべてが均一に加熱された、食べやすく歯ごたえのよい炒めものができ上がる。

が、ものによっては敢えて異なる食感を楽しみたいという場合もあり、そういうとき私は材料の切り方を不均等にして厚いところと薄いところを作り、よく焼けた部分とミディアムな火の通りを両方楽しめるようにする。炒めるときも、わざと鍋の中をかき回さずじっと焦げつくまで放っておいたり、火力に強弱をつけてみたり……炒めものはアイディア次第でさまざまな変化が楽しめる。

炒めもので大切なことは、材料に必要なだけの火をきちんと通すことだ。生に近いほうが風味がよいならできるだけ短時間で調理が完了するよう手順を考えるし、しっかり火を通さなければならないときは、まず軽く炒めたあとスープや酒を加えて炒め煮にするなど、めりはりをつけることが大切である。

油も使うべきときにはたっぷり使わないと仕上がりが悪い。その代わり、控えたいときは思い切って控える。たとえばもやし（おいしく食べたければ面倒でもかならず頭とひげ根を取り去ること）は火を通しすぎると歯触りが悪くなるし、さやいんげんはタイ料理でやるようにつぶして生で食べると香りが面白いので、わずかな水分で蒸してサラダのように油であえてみたらどうだろう。

生でも食べられるいかときゅうりは、表面だけ炒めるつもりで瞬間的に強火を加える。取り合わせの妙も炒めものの楽しさの一つである。

塩を加えるタイミングも重要だ。素材は塩に出会うと水分を外に出すから、硬質な歯触りでコクのある仕上がりにしたければ塩はなるべくあとから加えるのがよいし、逆に水分とうま味の出た汁をいっしょに炒めて食べたいときは、早くから加えてマリネしておくとよい。

家庭用のガスの火力が弱いと悩むなら、一度に鍋に入れる量を減らして加熱調理を二度繰り返すとか、油通しで二段階に加熱するとか、これも工夫したい。

ひと手間が決め手の瞬間炒め

いかときゅうりの塩炒め

材料（2人分）

いか…1パイ　きゅうり…1本　油…大さじ2　塩…適量　赤こしょう…適量

作り方

1 いかは身に包丁で細かい筋目を入れて、適当な大きさに切る。

2 きゅうりは両端を落とし、縦4つに切ってから長さ5㎝ほどの短冊形に切りそろえ、面取りする。

3 鍋に油を熱し、いかときゅうりをいっしょに入れ、強火で炒めながら最後に軽く塩をふる。

4 器に盛り、全体に赤こしょうをちらす。

いかのまるごと炒め

材料（2人分）

いか…1パイ（内臓も）　にんにく…½片　塩…少々　日本酒…100cc　サラダ油またはオリーブ油…大さじ2　バター…適量

作り方

1 いかは内臓のついた新鮮なものを求め、フネとトンビを取り除き、残りのすべての部分を適当な大きさに切る。汁やすみも1滴残さずボウルに入れる。

2 1のボウルににんにくのみじん切りと塩、日本酒を加えて30分漬ける。洋風にするときは日本酒の代わりに白ワインを使うとよい。

3 鍋にサラダ油またはオリーブ油を熱し、ボウルの中身を一気にあけて強火で炒める。最後にバターを加えてもよい。

いかのうま味は、身はもとより内臓にもある。酒で臭みを消し、常温で30分ほど漬け込む。身に内臓のコクを簡単に移すことができる。

もやしとさやいんげんの瞬間炒め

材料（2人分）

もやし…100g　さやいんげん…100g　塩…適量　ごま油…少量

さやいんげんは生のまま粗くつぶす。香りとともに繊維を強く感じる食感が楽しめる。

作り方

1 もやしは頭とひげ根をていねいに取る。

2 さやいんげんは両端を落としてから5〜6㎜幅の輪切りにして、石臼《いしうす》(なければふきんで包んで瓶でたたくなどして)でつぶしておく。

3 鍋を空のまま強く熱し、冷水で洗ったもやしを入れて蓋をして2分蒸す。

4 蓋を取ってもやしの上下を返し、さやいんげんを加え、塩と少量のごま油をかけてかき回したあと、火を止める。

リクエストが最も多い一品

来客が泣いて喜ぶ名物の麻婆豆腐

自慢の料理は何ですか、と聞かれると返答に窮するが、これまで来客に食べさせた料理の中でもう一度食べたいというリクエストが最も多いのは？と聞かれたら「麻婆豆腐」と答えるほかはない。

私のレシピは、二〇年ほど前に麻婆豆腐発祥の店とされる四川省・成都の「陳麻婆豆腐店」を訪ねて仔細に観察した結果、日本で手に入る材料を使ってどこまで本場の味に近づけるか、自分なりに研究して考え出したオリジナル・レシピである。

最近はこの店の支店が東京にできたらしいが、私のレシピはすでにその後の改良を経てまったく独自のものになっているから、本場の麻婆豆腐ともまた他の料理人や料理研究家の作る麻婆豆腐とも違っているはずで、だからこそどの来客も珍しいと喜んでくれるのだろう。

ポイントは、唐辛子よりも山椒を大量に加えること、そして、醤油と味噌の中間のような「ひしお」(醤油蔵で造ったものがスーパーなどで売られている)を使うこと。これが中国の豆醤に近いのだ。

豆腐は丸のまま二〇分ほどゆでて、わざわざかたくしてから小さく切って使う。これも中国のかたい豆腐に食感を近づけるための工夫である。

片栗粉でとろみをつけることもしない、飾りの青味を添えたりもしない武骨でシンプルな一品だが、ハマる人はハマってしまい、涙を流しながらご飯をお代わりする。

麻婆豆腐の味を左右する実山椒(花椒)。フレッシュな実山椒は刺激、香りとも最も強い。

麻婆豆腐に不可欠なスパイス。右上から時計回りに豆豉、ペーストの豆豉、四川の花椒、粉唐辛子、ネパールの粉山椒、ひしお。

オリジナル麻婆豆腐

材料（4人分）

豆腐…2丁　にんにく…3～5g　しょうが…3～5g　長ねぎの白い部分…8㎝　合い挽き肉または豚挽き肉…200g　日本酒…120cc　鶏ガラスープの顆粒…少量　ひしお…40g　豆豉（トウチ）…20g　豆豉ペースト…20g　粉唐辛子…好みの辛さに　山椒（花椒=山椒の実を干したもの）…3g（山椒の生果または実山椒の塩漬けの場合は味を見て量を加減）

作り方

1. 豆腐は20分ゆでてから、軽く押しをしてよく水気をきる。
2. にんにくとしょうが、長ねぎの白い部分をみじん切りにし、中華鍋で軽く炒め（油分量外）、挽き肉を加えて混ぜる。
3. 日本酒と鶏ガラスープの顆粒を加え、ひしお、豆豉を刻んだもの、豆豉ペーストを入れ、粉唐辛子と山椒を加える。
4. さいの目の豆腐を加え、豆腐が熱くなればでき上がり。焦げつきそうな場合は少量の水で調節するが、豆腐から水分が出るので要注意。煮込まずに仕上げる。

香味野菜で風味豊かな蒸し料理

ÁLA VAPEUR

うま味を閉じ込める調理法

蒸す、という調理法は、東洋が発明したすぐれた技術である。短時間で調理が完了し、水分を失わず、うま味と栄養を素材の中に閉じ込める。油脂の使用がないため、ローカロリーに仕上がるのも魅力である。

私は、鶏肉は鍋で皮目から焼いて脂を流し出すか、さもなければ皿にのせて日本酒をふりかけて酒蒸しにするのがいちばんおいしい調理法だと信じている。酒蒸しで軽めに火を通したものをさらに炒めたりすることもできる（ほかの材料を先に炒め、最後に蒸し鶏を加えて鍋をひとふりすればでき上がり。とくに手早さを要求される中華炒めには最適だ）し、皿に残った汁には鶏肉のゼラチン質がたっぷり出てこれもおいしい。

　あさりは、洗ったら中華鍋に入れて、少量の日本酒か白ワインを上から注いで蓋をして、強火で熱する。と、中では殻の口が開く音がし始め、しばらく待てば酒蒸しができ上がる。そのまま食べてもよいが、スパゲッティにあえればボンゴレになるし、身をむいてソースの材料にする手もある。

　蒸す料理はそのままでは味が薄いから好きなように味や香りをアレンジすることができる。玉ねぎやにんにく、そのほか特徴的な香味を持った野菜をうまく利用すると、同じ蒸し料理でも国籍は自在に変化する。

鶏とグリンピースの塩炒め

材料（2人分）

鶏もも肉…1枚　日本酒…大さじ2〜3　香味野菜（ねぎやしょうが）…適量　グリンピース…手のひら一杯　油…少量　塩…適量

作り方

1 鶏肉は香味野菜といっしょに日本酒で酒蒸しにし、指先で適当な大きさにほぐすか、包丁で切る。
2 熱湯でグリンピース（冷凍品でも可）をゆでる。
3 鶏肉とグリンピースをわずかに油をひいた鍋で炒め、塩で味つけする。鶏肉もグリンピースもすでに火が通っているので炒める時間はできるだけ短時間で。

鶏肉を使って

鶏肉は大きめに切ってそのまま、
または香味野菜とともに酒蒸しに。
食べる直前に塩などで調味する。
うま味の詰まった肉汁も料理に活用。

鶏とキャベツのサラダ

材料（2人分）

鶏もも肉…1枚　日本酒…大さじ2〜3　キャベツ…150g　ナムプラー…適量

作り方

1 鶏肉は日本酒で酒蒸しにし、冷めたら食べやすい大きさに切る。
2 キャベツは適当に手でちぎって、少量の水を入れた鍋で軽く蒸し煮する。
3 鶏肉とキャベツをナムプラーであえる。好みの油を入れてもよいが、ないほうがさっぱりする。

あさりの韓国風

材料（4人分）

あさり…1パック　日本酒…適量　醤油…適量　砂糖…少量　にんにく…½片　唐辛子…適量

作り方

1あさりは日本酒で酒蒸しにし、開いた殻の身のついていないほうを外す。

2蒸し汁の汚れを取って煮つめ、醤油とわずかな砂糖で甘辛い味をつける。煮つめるときににんにくを加えてもよい。

3器に並べたあさりに2のソースをかけ、しばらく味をなじませてから、唐辛子をふりかける。

あさりを使って

ある程度殻が浸るくらいのたっぷりの酒を用意。身の柔らかさを残すよう、蒸し時間を加減する。

蒸し魚のアサリクリームソース

材料（2人分）

あさり…½パック　日本酒（白ワインでもよい）…適量　生クリーム…60cc　蒸した魚…200g　オリーブ…適量　イタリアンパセリ…適量

作り方

1あさりは日本酒などで酒蒸しにして、身をむいておく。

2蒸し汁の汚れを取り、少し煮つめてから生クリームを入れ、さらにあさりの身を加える。

3蒸した魚をほぐして器に盛り、2のソースを流し、オリーブとイタリアンパセリを飾る。

魚を使って

中華風魚の清蒸し

材料

すずき・さわらなど…1尾　豚の脂身、長ねぎ、しょうが、八角、山椒、紹興酒または日本酒…魚の大きさに合わせ各適量(写真参照)　白髪ねぎ…適量　香菜…適量　唐辛子…適量　醤油、ごま油…各適量

魚はうろこと内臓を取ったあと、おなかの中をよく水洗いして血を抜いておくこと。蒸した皿をそのまま食卓に出すので見た目も要注意。

作り方

1 すずきやさわらなど適当な大きさの魚は、うろこと内臓を取って全体に塩(分量外)をふり、表面に包丁で数本の切れ目を入れ、器に入れる。

2 魚の上に豚の脂身を細く切ってのせ、周囲に長ねぎを短く切ったものを並べ、しょうがのせん切りと八角、山椒をちらす。

3 全体に紹興酒か日本酒を回しかけ、強火で10分ほど蒸す。

4 蒸し上がったら、魚の上に白髪ねぎと香菜をのせ、好みで唐辛子をちらす。食べる前に醤油やごま油をかけるとよい。

イタリア風魚の蒸しもの

材料

すずき・さわらなど…1尾　刻みにんにく…適量　オリーブ、玉ねぎ、オイル漬けのドライトマト、白ワインまたは日本酒、オリーブ油…魚の大きさに合わせて各適量（写真参照）　レモンピール、イタリアンパセリ…各適量

作り方

1 すずきやさわらなど適当な大きさの魚は、うろこと内臓を取って全体に塩（分量外）をふり、表面に包丁で数本の切れ目を入れ、器に入れる。

2 魚の上に刻んだにんにくとオリーブをのせ、周囲にはスライスした玉ねぎのリングの中にオイル漬けのドライトマトを入れたものを並べる。

3 全体に白ワインとオリーブ油を回しかけてから、強火で10分ほど蒸す。

4 蒸し上がったら魚の上にレモンピールとイタリアンパセリをちらす。

玉さん 調理用語

TERMES DE RA ACCOMMODEMENT

あ

青バツ●信州人が好きな青豆。醤油味の煮豆以外にも応用範囲が広い。

赤こしょう●形はこしょうに似ているが、色が赤いローズヒップ(バラの実)。

赤酢●酒粕を長時間熟成させて作る三河の伝統的なお酢。ほんのりと赤い。赤ワインビネガーで代用できる。

赤米●古代米の一種。主にぬか層に色素があるため、赤い色をしている。

アジョワン●インド料理に欠かせないスパイス。

アドボ●酢をきかせたフィリピンの伝統的煮もの料理。酸っぱさが食欲増進になる。

油通し●中国料理の基本操作。調理の前に材料をさっと油で揚げて余分な水気を飛ばしたり、色鮮やかに仕上げるために行う。

甘醤油●中国の醤油は種類も豊富。広東の一般的な醤油である生抽にカラメルを加えた老抽は色が濃く、粘りがある。

アンチョビー●カタクチイワシの油漬けや塩蔵品。

活け締め魚●生きた魚を即死させたもの。血を抜くことで身の質感を泳いでいたときの状態に維持でき、格段に美味となる。

ヴァージンオリーブ油●オリーブを搾ったままで、精製していないものがヴァージンオリーブ油。なかでも純度が高く酸度が1%以下のものをエキストラヴァージンオリーブ油と呼ぶ。

茴香(ういきょう)●アニスとも。甘い香りのスパイス。

薄造り●身のかたい魚で、普通のお造りでは歯ごたえがありすぎるものは、薄く削ぎ切りすると、同じ魚とは思えないほどおいしくなる。

XO醤●干し貝柱や海老の卵、中国ハムなどで作られた香港生まれの調味料。炒めものなどに使われる。

海老醤●小海老を塩漬けにして発酵させたもの。シュリンプ・ペースト、カピなどとも呼ばれる。

オレキエッティ●丸めた生地を親指で押さえて成形する南イタリア独特のパスタ。耳たぶの意味。

か

カー(しょうが)●タイの白しょうが。

かき油●オイスターソースとも。生がきの塩漬けを発酵させた上澄み液を濃縮・調味したもの。

角切り●材料を立方体に切ること。料理によって大きさが変わることもあるが、基本的に2~3㎝角。

からす麦(オートミール)●ビタミンB_1、ビタミンEを多く含む麦の一種。他の穀粒や小麦に含まれるアレルギーの原因と考えられるグルテンを含まない。

ガラムマサラ●インド生まれのスパイスの混合物。

カルパッチョ●魚介や肉など、生のものを薄く切り、ソースやオリーブ油をかけた料理。本来は生牛肉を薄く切ったイタリア料理。

岩塩●太古の昔に海だったところが長い年月をかけて結晶化された自然塩。

生(き)●混じりけのないものの意味。生醤油など。

キドニービーンズ●キドニーは腎臓のこと。形が似ているので命名されたいんげん豆。メキシコのチリ・コン・カルネ、ブラジルのフェイジョアーダなどに使われる。

魚醤●小魚や海老などを塩漬け発酵させた液をこしたもの。日本のしょっつるにあたる。特有の香りとうま味があり、タイやベトナム料理の味の決めてとなる。

きりたんぽ●秋田の郷土食。山に行くときの携帯食を鍋に入れたのが始まりと伝えられている。

葛切り●葛の根のでんぷんで作った平麺。黒蜜をかけてデザートにもなる。

グラス(照り)●だし汁を煮つめてシロップ状にしたもの。料理につやや照りをつけるのに使う。

グリーン・カレー・ペースト●グリーンペッパーと青唐辛子をベースにしたタイカレー用のペースト。辛いが、うま味や酸味もある。

グリル●網焼き。

くるみ油●くるみから採った油。リノール酸を多く含み、香りを生かした料理に向く。

グレック●ギリシアの意味。ここでは、生野菜をオリーブ油や酢に漬けた冷製料理のこと。

クローブ●丁字とも。エキゾチックな香りのスパイス。

ケイパー●地中海原産の小潅木の蕾を塩漬けにしたもの。料理のアクセントになり、特に、シチリア料理に欠かせない。

ココナッツミルク●熱帯地方原産のココヤシの果実から作られるミルク状の液体。乾燥させたものもある。

コリアンダー●セリ科のスパイス。完熟シードは肉・卵・豆料理などに広く利用されている。青葉は香菜とも呼ばれ、シードとは香りがまったく異なる。

コンフィ●砂糖や酢、脂を使い、低温でじっくりと加熱したもの。

さ

さいの目●素材を約1㎝角のさいころのように切ること。「ダイスに切る」「マセドワーヌに切る」という場合も。

酒蒸し●酒と塩をふって蒸すこと。酒の風味をつけ、材料の持ち味を生かす。

サフラン●独特の芳香を持ち、鮮やかな黄色に色づける。スパイスとして使うのは花のめしべの部分。

サルサヴェルデ●イタリア語でサルサ＝ソース、ヴェルデ＝緑。緑のソースのこと。

三枚肉●豚のバラ肉。赤身肉と脂肪が交互に層を成して、断面が三層に見えるので三枚肉とも。煮込みや炒めものなど、広く使われる。

塩もみ●材料に塩をまぶして水分を出し、しんなりさせる。風味がよくなり、味もなじみやすくなる効果がある。塩もみしたあとは絞って水気をよく取ること。

香菜(シャンツァイ)●中国料理、タイ料理などに使われる香りの強い個性的な野菜。タイではパクチーと呼ぶ。葉はスープや薬味、魚介の臭み消しに使われる。種はコリアンダースパイスとして知られる。

紹興酒●中国の浙江省紹興県で作られた酒。

白髪ねぎ●ねぎの白い部分を繊維に沿ってごく細いせん切りにし、水にさらしてパリッとさせたもの。

白醤油●淡口醤油よりも色は薄く、味も淡泊。小麦が主原料の麹と食塩水で仕込む。

セヴィーチェ●中南米の生魚料理。野菜といっしょにライム汁でマリネする。

せん切り●材料を線のように細く切る切り方。繊維と平行に切るとシャキッとし、繊維と直角に切ると柔らかく仕上がる。

ソテー●鍋やフライパンに油をひいて蓋をせずに中火以上で焼くこと。蓋をして蒸し焼きにするとポワレという。

た

ターメリック●黄色い着色作用があるウコン。サフランの代用として使われることも。

タイスキ●エスニック鍋。

タルタル●生牛肉を刻んだものに、香辛料を加えたもの。

鶏油(チーユ)●鶏の脂を蒸したもの。中国料理に加えると、うま味が数段アップする。

チャンプルー●沖縄料理の炒めものの一種。

中国黒酢●ウスターソースのように黒く、味も香りも濃く、まろやかな酸味が特徴。産地により素材や味に違いがあるが、料理やデザートまで広く使われる。

中国酢●透明な米酢もある。

鋳鉄製のフライパン●油がよくなじみ、焦げつきにくく、熱まわりが均一なので、強火で勢いよく炒める料理などに向く。サビやすく、重い。

ヅケ●寿司屋の用語で、まぐろの赤身の醤油漬けのこと。

ツマ●刺し身のつけ合わせ。大根や青しそ、みょうがなどが使われることが多い。

デグラッセ●鍋底に残った焼き汁や煮汁に酒やだし汁を加えてのばすこと。

豆豉(トウチ)●大豆を発酵させた半乾性のみそ納豆。日本の浜納豆と同類で、煮込み、炒めもの、蒸しものの味つけに使う。

トム・カー・ペースト●鶏スープ用のココナッツミルクの入ったペースト。カレーペーストの代用にもなる。

トレビス●チコリの一種。葉が赤紫色で葉肉が白く、赤チコリとも。北イタリアのトレビゾ原産。

トンビ●いかのくちばし。形が似ているところから、そう呼ばれる。

な

ナムプラー●小魚と塩を混ぜ、数ヶ月から1年以上発酵させたものの汁のこと。日本の醤油とほぼ同様の使われ方をする、タイ料理の基本調味料(魚醤)。ベトナムではニョクマムと呼ばれる。

煮きり●みりんや酒のアルコール分をとばすこと。クセがなくなり、みりんは甘みを増す。

ニョッキ●小麦粉にじゃがいもなどを加えて作る団子状のパスタ。

ねぎ油●ねぎを炒めて、その芳香を移した油。中国料理全般の風味づけに使われる。

根セロリ(セルリアック)●肥大した根を食べるセロリの一種。あくが強いので、切ったら、すぐにレモン汁をかけるか酢水に。

は

八角●スターアニスとも。中国料理の豚や鴨の料理によく使われる。

パプリカ●赤い着色力がある辛みのない唐辛子。

バルサミコ酢●イタリアの高級ビネガー。煮つめたぶどう果汁から長期間熟成させて作られる。

パルミジャーノレジャーノ●2年以上熟成させたハードタイプの牛乳のチーズ。粉末に下ろして使うことが多い。

ビーツ●見た目はかぶに似ているが、肥大した根を食用とする甜菜の一種。濃い紅色で甘いのが特徴。ロシアのボルシチの色はこれ。

ビーフン●米の粉で作った麺の一種。

ピクルス●きゅうりや玉ねぎなどの野菜などを、酢に香味をつけた汁に漬けたもの。

ひしお●小麦と大豆で作った麹に塩を加えた調味料。

ピュレ●野菜などをすり潰した状態。きれいに仕上げるにはさらにこし器でこす。

ブイヤベース●南仏名物の魚介類のスープ煮込み料理。サフランで色と香りをつける。

腐乳(フゥールゥー)●豆腐を発酵させた中国料理の食材。お粥に入れたり、スープや肉の煮汁に溶いたりする。

フクロタケ●中国料理には欠かせないきのこ。チャイニーズマッシュルームとも呼ばれ、日本には主に缶詰が輸入されている。

フネ●甲いかの舟形の軟骨。

ブルスケッタ●焼いたパンに貝をのせたイタリアの軽食。

フレンチマスタード●粉末にしたからしの種子をワインや酢で溶いて、香辛料などを加えて練り上げたもの。

フンギポルチーニ●甘みとうま味のあるイタリア人が大好きな高級きのこ。乾燥したものなら年中売られている。

火鍋子(ホォクォズ)●真ん中に煙突のような筒があり、周囲のくぼみに材料を入れて煮る卓上の鍋。この鍋で作る料理をさすことも。

ポトフー●「火にかけた鍋」の意味があり、肉や野菜を香草、スパイスと共に長時間煮込んだフランスの家庭料理。

ポレンタ●とうもろこしの粉を練ってまとめたもの。

花椒(ホワジャオ)●粒山椒を乾燥させたもの。香りが強く、料理の風味づけや漬けものなどに。肉や魚のにおい消しにも使われる。

ポワレ●バターや油を使ってフライパンに蓋をして焼いたもの。

ポワロー(西洋ねぎ)●日本のねぎより太くて甘みがあり、臭みが少ない。英語ではリーク、またはリーキ。

ま

マッシュ(マッシュポテト)●ゆでたり蒸したりした野菜類を押しつぶすこと。マッシュポテトは、ゆでたじゃがいもを熱いうちにマッシュしてバターや牛乳を加え、塩、こしょうで調味したもの。

マリネ●材料を漬け汁に漬け、味や香りをしみ込ませたり、柔らかくするために行う。

ムニエル●魚に小麦粉をまぶしてバターで焼く調理法。

面取り●切った野菜の角を削るように取る下ごしらえ。煮くずれを防ぐ。

や

湯煎●直接鍋を火にかけず、二重鍋にして火を通す。温度を一定にできるので、バターやチョコレートを溶かすとき、焦げやすいものに火を通すときなどに使う。

湯通し●中国料理の下ごしらえの手法で、材料を湯に入れたり、湯をかけることで七分目ほど火を通すために行う。

ら

リマビーンズ●ペルーの首都にちなんで命名された豆。日本ではライママメ、ライマメなども呼ぶ。

レモングラス●レモンのような香りのするハーブ。トム・ヤム・クンをはじめ、魚や鶏肉料理にも使われる。

レンズ豆●レンズの形をした小さい豆。

ロースト●オーブンで全体を加熱しながら焼くこと。

ロメインレタス●玉レタスと比べるとゆるく結球する、葉は楕円形で先の尖ったもの。

わ

ワイルドライス●イネ科のアメリカまこもの実。ゆでて使う。

ワインビネガー●ワインやぶどう果汁を原料にした果実酢。ワインのように赤と白があり、風味が異なるので使い分けができる。

料理インデックス

（五十音順）

あ

か

さ

た

な

は

ま

や

ら

テイスティングデータ

※ヴィラデストのオリジナルワインを召し上がったら、
テイスティングデータを記入し、この本をあなたの手で完成させてください。

VILLA D'EST VIGNERONS RESERVE

Name of Wine ____________________ Vintage ____________

Producer ____________________ Type ____________

Bought at ____________ Price ____________ Date ____________

Tasted at ____________________ Date ____________

Served with ________________________________

Score

Color & Appearance ________________________________

____

Taste ________________________________

____

Aroma & Bouquet ________________________________

____

overall quality ________________________________

____

Total Score ________________________________

____

Name of Wine ______________________ Vintage __________

Producer ______________________ Type __________

Bought at __________ Price __________ Date __________

Tasted at ______________________ Date __________

Served with ______________________

Score

Color & Appearance ______________________

Taste ______________________

Aroma & Bouquet ______________________

overall quality ______________________

Total Score ______________________

ヴィラデストへの道

2004年4月16日、玉村さんの10年来の夢であるワイナリーがオープンしました。遥か遠くに日本アルプスを、そしてヴィラデストの農園を眺めながら、収穫したばかりの新鮮な野菜をふんだんに使った料理と、ヴィラデストのオリジナルワインが楽しめます。玉村さんのイラストを使ったお皿をはじめ、玉村コレクショングッズや、農園で採れたハーブなども販売されます。

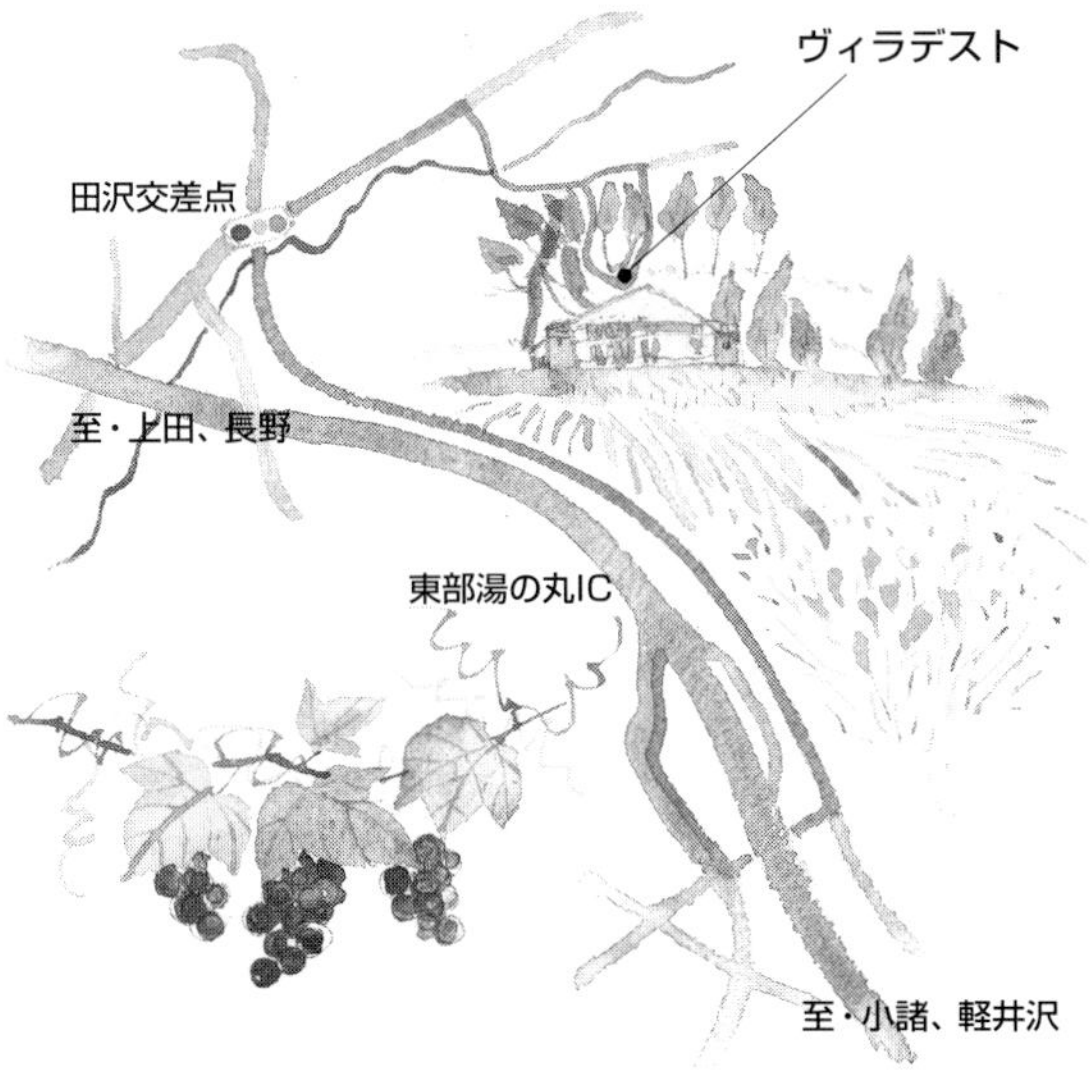

●ヴィラデスト ガーデンファーム アンド ワイナリー
上信越自動車道東部湯の丸IC（練馬ICから藤岡JCT経由168km）より約10分、長野新幹線上田駅からタクシー約20分
長野県東御市和6027
ワイナリーカフェ
TEL.0268-63-7704
営業　カフェ11:00〜
　　　夜は要予約
ワイナリーショップ
TEL.0268-63-7705
営業　10:00〜日没
オープン期間は4月〜11月
玉村豊男・ヴィラデストホームページ
http://www.villadest.com/

烏帽子山
ぶどう畑
ぶどう畑
野菜畑
ぶどう畑
ハーブガーデン
ぶどう畑
ワイナリー
温室
野菜畑
ぶどう畑
事務所

玉村豊男（たまむら・とよお）
エッセイスト、画家、ワイナリーオーナー。
1945年東京生まれ。東京大学文学部仏文科卒業。
'68年よりパリ大学言語学研究所に留学。帰国後、
執筆活動に入る。東京から軽井沢に移住後、'91
年長野県東部町（現・東御市）でヴィラデストと
名付けた農園での生活をスタート、2004年4月
ワイナリーオープン。
近著は『ヴィラデスト菜時記－暮らしの輪郭線』
（毎日新聞社刊）ほか

ヴィラデストの厨房から

発行日　2004年4月16日　　初版第1刷発行
著　者　玉村豊男
発行者　小林公成
発　行　株式会社世界文化社
〒102-8187　東京都千代田区九段北4-2-29
TEL.03-3262-5117（編集部）
TEL.03-3262-5115（販売部）

印　刷　共同印刷株式会社
製　本　大観社製本株式会社
DTP　株式会社アド・クレール

撮　影●本社・鈴木一彦
イラストレーション●田代知子
校正●久保田和津子（文狼）
アートディレクション●後藤晴彦（オフィス・ハル）
レイアウト●関根千晴（オフィス・ハル）
編　集●石川貴之　田中久恵（オフィス・ライトウイン）

本書は家庭画報の連載（2002年5月号～2003年4月号）に
新たな書き下ろし原稿と写真を追加したものです。

　ISBN4-418-04510-4